용담유사
龍潭遺詞

용담유사

龍潭遺詞

양윤석 역주

동학네오클래식 02

도서출판 모시는사람들

머리말

우리에게는 많은 사상적 문화적 유산이 있다. 그러나 그 유산을 단지 박물관에 진열되어 있는 유물로만 치부한다면 오늘의 삶에 아무런 기여도 하는 바 없을 것이다. 진열장에서 뛰쳐나와 오늘의 삶 속에서 새롭게 해석되고 이해되어야 그 빛을 발할 수 있을 것이다. 그동안 활발히 진행되어 온, 한문으로 쓰여 있는 고전을 현대 국어로 번역하여 일반인들 앞에 내놓는 작업도 이러한 뜻에서라 할 것이다.

그러나 정작 우리 글로 된 고전들은 사각지대에 놓여 있다. 일반적으로 고전의 번역이라 하면 흔히 한문을 한글로 옮기는 작업을 말하는 것이 되어버렸다. 예를 들어 15세기 훈민정음 창제 당시의 저술들이나 17세기 문학적 향기가 높다고 평가되는 순수 국문학 작품들이 현대 국어로 번역되는 일은 일부 고대 소설 등을 제외하고는 거의 없었다. 소위 개화기라 하는 20세기 초까지 유행했던 국한문 혼용체가 현대 국어로 번역되어 관련 분야의 관계자가 아닌 일반 대중들 앞에 그 모습을 드러내는 일은 더욱 보기 어렵다. 어떤 면에서는 이런 글들은 한문으로 쓰인 글처럼 널리 읽혀지기가 쉽지 않음에도 말이다. 이런 글들도 보다 활발히 현대 국어로 번역되어 그 가치를 드러낼 수 있도록 해야 할 것이다. 동학네오클래식 시리즈의 하나로, 19세기의 한글로 씌어진 『용담유사』를 현대 국어로 바꾸어 세상에 내놓는 것도 이러한 작업의 하나가 될 것이다.

150여 년 전 수운 최제우(水雲 崔濟愚) 선생에 의해 이 땅에서 독자적으로 발생한 동학은 우리 근대 사상사에 큰 물줄기를 형성하면서 오늘에 이르고 있다. 수운 선생의 시천주(侍天主) 사상은 해월 최시형(海月 崔時亨) 선생의 사인여천(事人如天)으로 실천화되고 의암 손병희(義菴 孫秉熙) 선생에 이르러 인내천(人乃天)을 종지로 하는 천도교 종단으로 이어지면서 민중의 삶 속에 스며들어 파란만장한 근대사를 형성해 왔다. 또한 수운 선생이 직접 쓴 순한문으로 된 『동경대전(東經大全)』과 순한글로 된 『용담유사』는 이 둘을 경전으로 삼는 천도교는 물론이고 그밖에 현존하는 수많은 민족 종교의 원류가 되어 왔다. 그럼에도 불구하고 그 기본 텍스트인 이 저술이 일반인들에게 제대로 읽히지 못하고 있음은 아쉬운 일이다. 이는 아마도 이 저술을 특정 종교의 경전으로만 보는 시각의 탓도 작용했을 것이지만 그보다는 일반인들에게는 특히 '한글세대'에게는 매우 어렵게 느

껴지는 그 언어(한문이든 순한글이든)의 탓일 것으로 생각한다.

  이 책이 독자들에게 동학사상과 직접 대면할 수 있는 기회가 되기를 바란다. 동학의 고유한 신관과 인간관은 이제 글로컬(glocal) 시대에서 새로운 한류를 형성할 수 있는 무한한 잠재력을 지니고 있다. 그러기 위해서는 원전에 대한 일반인들의 소양이 필수적일 것이다.

양윤석

차례

용담유사 龍潭遺詞

머리말 —— 4

해제 —— 8

교훈가(敎訓歌)　경신(庚申) —————————— 19
안심가(安心歌)　경신(庚申) —————————— 42
용담가(龍潭歌)　경신(庚申) —————————— 58
몽중노소문답가(夢中老少問答歌)　신유(辛酉) —— 66
도수사(道修詞)　신유(辛酉) —————————— 76
권학가(勸學歌)　임술(壬戌) —————————— 86
도덕가(道德歌)　임술(壬戌) —————————— 98
흥비가(興比歌)　계해(癸亥) —————————— 106

부록 —— 116

해제

  이 『용담유사(龍潭遺詞)』는 『동경대전(東經大全)』과 함께 동학(東學)의 교조 수운 최제우(水雲 崔濟愚, 1824~1864) 선생의 저작으로, 오늘날 천도교(天道敎)의 경전(經典) 중의 하나다. 이 둘은 수운 선생이 1860년(경신) 4월 5일 동학을 창도한 이래 1863년(계해) 관에 체포되기까지 약 4년의 기간에 걸쳐 직접 쓰신 글이다.

  『동경대전』은 순한문으로 쓰여졌지만, 『용담유사』는 순한글로 쓰여졌다. 이는 『용담유사』가 한문을 모르는 민중들을 의식했기 때문이라는 뜻도 있겠지만, 아울러 '가사(歌辭)'라는 형식을 빌렸다는 데에 더 큰 의미가 있다. 주지하다시피 가사는 우리 고유의 3·4(4·4)조의 연속체 운문이다. 『동경대전』이 철학적·논리적·사변적인 글이라면, 이에 비해 『용담유사』는 체험적·서정적·교훈적인 성격의 글이라는 점에서 가사라는 형식을 빌린 수운 선생의 의도를 짐작할 수 있다.

  『용담유사』가 처음으로 간행된 때는 수운 선생이 순도(1864.3.10)하신 지 17년 만인 1881년이다. 당시 동학의 2대 교조 해월 최시형

(海月 崔時亨, 1827-1898) 선생은 1880년 강원도 인제군 갑둔리에 있는 김현수(金顯洙)의 집에서 『동경대전』을 간행하고, 이듬해에 충청도 단양군 남면 샘골(泉洞)에 있는 여규덕(呂圭德)의 집에서 『용담유사』를 간행하였다. 오늘날 이 두 목판본은 발견되지 않고 있다.

『용담유사』는 3년 후인 1883년(계미) 경주에서 다시 간행되는데, 이는 '계미 중추판'으로 불리며 현전하는 최고(最古)의 판본이다. 그리고 10년 후인 1893년(계사)년에 또 한 차례 발간된다. 이를 '계사판'이라 한다. 그 후 동학이 3세 교조 의암 손병희(義菴 孫秉熙, 1861-1922) 선생에 의해 천도교로 대고천하(1905.12.1.)된 이후 『동경대전』과 『용담유사』는 한 권으로 묶여 수 차례 간행되면서 천도교의 경전으로 자리 잡게 된다.

이 책에서 저본(底本)으로 삼은 것은 계미 중추판이며, 계사판을 부차적인 자료로 삼되, 그 차이가 유의미한 것은 각주로 밝혔다.

이 책은 다음과 같은 체재로 구성하였다. 번역문과 원전을 앞뒤로 배치함으로써 번역의 한계를 원전을 통해 보완해 가며 읽을 수 있도록 하였다. 또한 번역문은 『용담유사』를 가사체로 쓴 원저자의 의도를 살리려는 취지에서 역시 3·4(4·4)조의 형식을 취했다. 그러는 가운데 동학의 고유한 용어나 유학의 용어는 굳이 번역하지 않고 각주를 통해 그 뜻이나 출처를 밝혔다. 내용 파악에 필수적인 창도 과정에서의 역사적인 사건은 수운 선생의 또 다른 저서인 『동경대전(東經大全)』과 해월 선생 때 편찬된 『도원기서(道源記書)』의 해당 구절을 참고하도록 각주하였으며, 특정 인물이나 지명, 관용구 등도 각주를 통해 명확히 하려 했다.

원전 부분은 일반 독자들이 좀 더 쉽게 이해할 수 있도록, 원전에는 없는 한자를 병기하였으며, 원전에 있는 ○표에 의한 구(句)의 구분이나 현행 『천도교경전』의 절(節) 구분은 무시하고 문단별로 나누어 배열하였다. 또한 원전도 번역문과 마찬가지로 현대어법에 맞도록 띄어쓰기를 하고 구두점을 찍음으로써 가독성을 높이려 하였다. 이미 사어(死語)가 된 고어도 해당되는 현대어로 바꾸었으나, 경상도 지역의 사투리는 그 맛을 살리기 위해 굳이 바꾸지 않았다. 이러한 작업을 위하여, 『천도교경전』의 역대 판본 및 천도교 내외의 학자들이 해의한 여러 종의 해의서를 참고하였으며, 해의상의 유의미한 차이를 보이는 것은 각주로 보완하였다.

마지막에는 『용담유사』(계미판)의 원전 영인본을 수록하여 연구자들이 참고할 수 있도록 하였다.

『용담유사』 가사 8편의 내용을 간추리면 다음과 같다.

교훈가 : 원전에는 '경신 작'으로 되어 있지만, 내용으로 보면 1861년(신유) 11월 이후의 글. 집안의 자질(子姪)들을 대상으로, 1860

년(경신) 4월 무극대도를 받은 경위와 감회, 1861년(신유) 6월부터 시작한 세상을 향한 포덕 활동을 기록하고, 세상 사람들의 지목을 피해 남도 순행길을 떠나야 할 때의 애틋한 심정을 토로하며, 제자들에게 정심수도할 것을 당부한다.

안심가 : 원전에는 '경신 작'으로 되어 있지만 역시 내용으로 보면 1861년(신유)에 지은 글. 집안의 부녀들을 대상으로 하는 글로, 경신년 4월에 한울님으로부터 영부를 받게 된 경위와 그 기쁨을 기록하며, 자신을 음해하는 무리들의 말이나 특히 서학에 현혹되지 말 것을 당부한다. 또한 비록 우리나라의 운수가 기험하다 하더라도, 한울님을 믿고 안심하고 수도할 것을 당부한다. 내용 중에 일본(왜놈)을 꾸짖는 대목이 있어 1936년 천도교에서 발간된 『용담유사』에는 이 편이 통째로 빠져 있다. 일제의 압력을 피할 수 없었던 듯하다.

용담가 : 1860년(경신) 작. 가사 8편 중에서 가장 먼저 지어진 듯하다. 신라 문화의 중심지였던 경주의 문물과 무극대도의 발상지인 구미산에 대한 예찬, 가문에 대한 자부심과 안타까움, 세속의 인간만사를 접고 고향인 용담으로 돌아와야 하는 참담한 심정, 무극대도를 받은 기쁨과 염원 등을 담고 있다. 일제 때에 간행된 경전은 앞부분 일부에 먹칠이 되어 있어 의식 때에 봉독을 하지 못하도록 되어 있다.

몽중노소문답가 : 1861년(신유)에 남원 은적암에서 지음. 자식이 없는 노부부가 금강산에 들어가서 산제 불공하여 한 소년이 태어난다. 그 소년이 주유천하의 길을 떠나 세상의 인심 풍속을 살펴보면서, 천명을 외면하는 세상 인심과 여러 참위서에 현혹되는 세태를 한탄하다가, 꿈에서 한 도사로부터 앞으로 무극대도가 출현될 것이라는 말을 듣게 된다. 무극대도(동학)의 출현은 시운에 의한 것임을 밝히는 글이다. 동학의 일부 교단에서는 주인공의 탄생을 수운의 탄생과 동일시하기도 한다.

도수사 : 1861년(신유) 11월, 남도 순행길을 떠나면서, 특히 지도급 도인들을 대상으로 쓴 글. 지난날을 회상하며, 제자들에게 도의 연원과 도통이 잘 전해질 수 있도록 가르친 대로 시행해 나갈 것, 마음을 조급하게 먹지 말고 수도할 것, 스승과 제자의 도리를 지켜 믿음을 잃지 말고 정심수도할 것 등을 간곡히 타이르는 글이다.

권학가 : 1862년(임술) 초 남원 은적암에서 새해를 맞이하면서 쓴 글. 세상의 인심 풍속을 살펴본 결과 오륜을 이야기하면서도 세상이 지금처럼 효박해진 원인은 근본을 잊고 한울님을 공경하지 않는 시운 탓임을 밝히고, 이제는 윤회 시운에 의해 무극대도가 나왔으니 서학과 같은 허무한 데 빠지지 말고 한울님을 성지우성 공경할 것을 당부하는 내용이다.

도덕가 : 원전에는 1862년(임술) 작으로 되어 있지만, 『도원기서』

등에는 1863년(계해) 7월 용담에서 지은 것으로 기록되어 있다. 한울님에 대한 공경 없이 도덕을 말하는 사람들의 무지함을 비판하고, 도덕의 근본을 밝히며 제자들에게 정심수도할 것을 당부하는 내용이다. 이때는 관의 탄압이 극도로 심해진 때로, 수운 선생은 해월 선생을 후계자로 삼는 등 만일의 사태에 대비하였다.

8) 흥비가 : 1863년(계해) 작. 도인들이 수도 생활에서 부딪치는 여러 가지 어려움을 『시경(詩經)』의 문체인 흥(興), 비(比), 부(賦)의 체를 사용하여 쓴 글. 근본을 모르고 도를 찾는 사람, 교단을 혼란케 하는 무리들, 조급한 마음 때문에 도중에서 수도를 포기하는 사람들 등에 대한 풍자, 인간은 무궁한 이 울 속의 무궁한 존재임을 깨달을 수 있기를 당부하는 내용이 실려 있다.

『용담유사』를 현대문으로 번역하는 데 참고한 주요 자료는 다음과 같다.

천도교중앙총부, 1936년 이후 2012년(개정판 8판)까지의 『천도교 경전』.
백세명, 『천도교 경전 해의』, 1963.
정운채, 『경전』, 1975.
김인환, 『최제우 작품집』, 형설출판사, 1978.
이세권, 『동학경전』, 1986.

표영삼, 「동학경전 편제와 내용」, 1984년 10월호부터 『신인간』 연재.

윤석산 역주, 『도원기서』, 1991.

윤석산, 『용담유사』, 1991.

이영노, 『동경대전·용담유사 해의』, 2000.

수운교교리연구원, 『수운교경전』, 2001.

최동희 옮김, 『근암집』, 2005.

수운 선생이 일생을 간략히 정리하면 다음과 같다.

수운 선생은 1824년 10월 28일, 경상도 일대에서 퇴계학파의 명망 높은 유학자 최옥(崔鋈, 近庵公)과 재가녀 한씨(韓氏) 부인 사이에서 탄생한다. 그는 19세(이설 13세) 때 울산(밀양?) 박씨와 혼인을 한다. 이듬해 살던 집에 큰 불이 나서 가옥은 물론 서책 등 부친의 유물이 소실되자, 가솔을 울산 처가에 맡기고 한편으로 장사를 하면서 세상의 인심 풍속을 살피고 도를 구하기 위한 주유천하의 길에 오른다.

31세(1854년) 때 10여 년간의 출가구도 생활을 접고, 가솔들을 이끌고 울산 처가로 이사하여 유곡동 여시바윗골에 초옥을 짓고 수도생활을 계속한다.

32세(1855년, 을묘) 때 이승으로부터 천서(天書)를 받고 그 내용대로 49일 기도를 결심한다.

33세 되는 해에 양산 천성산(통도사) 내원암에서 기도 중 숙부의 환원 소식을 영적으로 접하고 47일째 하산하였지만, 이듬해 내원암 부근 적멸굴에서 49일 기도를 마친다. 이 시기에 철점을 운영하였으나 가산을 탕진하게 된다.

36세(기미) 되는 해 10월, 처자를 거느리고 다시 경주 용담으로 돌아와서 자호 이름을 고치고, 불출산외를 맹세하고 수도에 전념한다.

37세 되는 해 1860년(경신) 4월 5일 드디어 한울님으로부터 무극대도를 받게 된다.

38세(1861년, 신유) 때, 그동안 한울님으로부터 받은 도를 닦고 헤아리다가(修而度之), 6월 이후 세상을 향해 새 도를 펴기 시작한다. 입도하는 사람이 많아지고 풍문이 더욱 퍼지나, 관의 지목을 받게 되자, 할 수 없이 11월에 남도 순행길에 오른다. 남원에 도착하여 서공서(徐公瑞)의 주선으로 교룡산성 선국사에 들어가 한 암자를 빌려 은적암(隱寂菴)이라 이름하고 수도에 전념한다. 여기서 이듬해 초봄까지 「포덕문」, 「논학문」, 「교훈가」, 「몽중노소문답가」, 「도수사」, 이듬해 「권학가」, 「수덕문」 등을 짓는다.

39세(1862년, 임술), 3월에 경주로 돌아와, 박대여(朴大汝)의 집에 머무르며 설법 및 포덕에 전념하다가 용담으로 귀환한다. 10월부터 흥해 매곡동(梅谷洞) 손봉조(孫鳳祚)의 집에 머물렀는데 입도하는 사람이 많아지자 각 지역별로 '접주(接主)'를 임명하여 관내를 지도하게 한다.

40세(1863년, 계해), 1월 손봉조의 집에서 다시 용담으로 돌아와 머무른다. 2월 임천, 영천, 신령 등지를 순회하며 설법하고, 「도덕가」를 짓는다. 관의 지목이 더욱 심해지자, 8월 14일 해월 최시형에게 도통을 전수한다. 이 무렵 「흥비가」, 「불연기연」, 「팔절」, 「탄도유심급」 등을 짓는다. 그해 12월 9일 밤, 선전관 정운구가 30여 명의 교졸을 동원하여 용담으로 들이닥쳐 10일 새벽 1시경 수운 선생과 제자 및 박씨 부인과 아들 세정 등 23명을 체포하여 수운 선생은 서울로 압상(押上)하고 박씨 부인 등과 제자들은 경주영에 수감한다.

이듬해 1864년(갑자), 서울로 호송되는 중, 철종이 승하한다. 이에 정부에서는 1월 6일, 수운 선생을 경상감영으로 되돌려 보내 심문하게 한다. 경상감영은 1월 20일부터 심문을 시작하여 1개월간 혹독한 문초를 하고 3월 10일에 관덕정 뜰에서 참형을 집행한다. 3일 후 박씨 부인과 아들을 방면하고, 시신을 인도해 준다. 문도들이 시신을 수습하여 자인군 서후연점에 머물렀다가, 17일 새벽, 구미산 줄기 끝자락에 있는 대릿골 밭머리에 시신을 매장한다.

교훈가(敎訓歌)　경신(庚申)

안심가(安心歌)　경신(庚申)

용담가(龍潭歌)　경신(庚申)

몽중노소문답가(夢中老少問答歌)　신유(辛酉)

도수사(道修詞)　신유(辛酉)

권학가(勸學歌)　임술(壬戌)

도덕가(道德歌)　임술(壬戌)

흥비가(興比歌)　계해(癸亥)

교훈가(教訓歌) 경신(庚申)

우리 집안 아이들아, 내가 주는 이 글을 공경히 받들어라.
왈 이자질(曰爾子姪) 아이들아, 경수차서(敬受此書) 하여스라.[1]

너희도 이 세상에 오행[2]으로 생겨나서 삼강오륜[3] 지켜 가며 스무 살이 되었으니, 대대로 번성하는 훌륭한 우리 집안[4], 병도 없이 탈도 없이 잘 자라준 너희 모습, 보고 나니 경사로다. 한 일 없이 길러 내니 기쁘고도 서럽구나.

너희도 이 세상에 오행(五行)으로 생겨나서 삼강(三綱)을 법을 삼고 오륜(五倫)

---

1 계미·계사판에는, 명령형 종결어미로 '-아/어(여)스라, 시라, 셔라' 등의 형태가 보인다. 그러나 이들을 구별하는 것은 무의미하므로 여기서는 '-아/어(여)스라'의 형태 하나로 모두 통일한다.
2 우주의 만물을 생성하게 하는 木·火·土·金·水의 다섯 가지 원소. 일반적으로 '음양(陰陽)'을 더해서, '음양오행'을 만물의 화생 원리로 본다.
3 유교에서 말하는 사람이 지켜야 할 기본이 되는 도리. 군위신강(君爲臣綱)·부위자강(父爲子綱)·부위부강(夫爲婦綱)의 삼강(三綱). 부자유친(父子有親), 군신유의(君臣有義), 부부유별(夫婦有別), 장유유서(長幼有序), 붕우유신(朋友有信)의 오륜(五倫)
4 수운 선생의 가문에 대한 자부심은 『동경대전』과 『용담유사』의 도처에 나타나 있다. 『동경대전』(修德文)에는, "家君出世 名蓋一道 無不士林之共知 德承六世 豈非子孫之餘慶.(아버님이 세상에 태어나시어, 그 명성이 (경상도)한 도를 덮었으니 선비들이 모르는 이가 없었고, 육대에 걸쳐 덕이 이어져왔으니 어찌 자손의 여경이 아니겠는가?)"라고 했다. 시조는 신라시대의 문장가 문창후(文昌侯) 고운(孤雲) 최치원(崔致遠)이며, 7대조는 임진왜란과 병자호란 때 활약한 정무공(貞武公) 최진립(崔震立). 부친은 영남 퇴계학파의 거두인 근암(近庵) 최옥(崔𩸦).

에 참예(參預)해서 이십 살 자라나니, 성문고족(盛門高族) 이내 집안 병수(病祟)[5] 없는 너의 거동 보고 나니 경사(慶事)로다. 소업(所業) 없이 길러 내니 일희일비(一喜一悲) 아닐런가.

내 역시 이 세상에 지금까지 지낸 일을 하나하나 생각하니, 대체로 세상 일이 살고 보면 그뿐이고 겪고 나면 고생이라. 그중에 한 가지도 이룬 것 전혀 없어, 가슴속에 맺힌 생각 한 번 웃어 털어내고 이내 신명 돌아보니 나이 이미 사십 됐고, 세상 풍속 돌아보니 그렇고 그러하네.[6]

내 역시 이 세상에 자아시(自兒時) 지낸 일을 역력히 생각하니, 대저(大抵) 인간(人間) 백천만사(百千萬事) 행(行)코 나니 그뿐이오 겪고 나니 고생일세. 그중에 한 가지도 소업성공(所業成功) 바이없어, 흉중(胸中)에 품은 회포(懷抱) 일소일파(一笑一罷) 하온 후에 이내 신명(身命) 돌아보니 나이 이미 사십이오, 세상 풍속 돌아보니 여차여차우여차(如此如此又如此)라.

아서라, 이내 신명. 다른 수가 전혀 없네. 구미 용담[7] 찾아들어[8]

---

[5] 혹은 '病數'로 해의.
[6] 『동경대전』(修德文): "念來四十 豈無不成之歎 巢穴 未定 誰云天地之廣大 所業 交違 自憐一身之難藏 自是由來 擺脫世間之紛撓 責去胸海之弸結(나이 사십이 된 것을 생각하니 어찌 아무런 일도 해놓은 것이 없음을 탄식하지 않으랴. 몸담을 곳을 정하지 못하였으니 누가 천지가 넓고 크다고 하겠으며, 하는 일마다 서로 어긋나니 스스로 한 몸 간직하기가 어려움을 가없게 여겼노라. 이로부터 세간에 분요한 것을 파탈하고 가슴속에 맺혔던 것을 풀어 버리었노라.)"

중한 맹세 다시 하고, 부처가 마주앉아 탄식하고 하는 말이,

아서라, 이내 신명. 이밖에 다시없다. 구미[9] 용담(龜尾龍潭) 찾아들어 중한 맹세 다시 하고, 부처(夫妻)가 마주앉아 탄식하고 하는 말이,

"대장부 사십 평생 생각 없이 지냈으니, 이제는 할 수 없네. 자호 이름 새로 짓고, 불출산외 맹세하니[10], 그 뜻이 자못 깊네.

"대장부 사십 평생 하염없이[11] 지내나니, 이제야 할 길 없네. 자호(字號) 이름 다시 지어 불출산외(不出山外) 맹세하니 기의심장(其意深長) 아닐런가.

슬프구나, 이내 신명. 이리 될 줄 알았다면, 재산은 못 불려도 부

---

7 구미 용담 : 동학의 발상지이며 오늘날 천도교 제일의 성지다. 구미산은 경주시 건천읍과 현곡면의 경계에 있는 산으로, 높이 594m. 1968년 국립공원으로 지정되었으며, 용담정 일대도 1974년에 추가 편입되었다. 수운의 부친 최옥의 문집인 『근암집』에는 '구미산을 감탄하면서 바라보니 큰 바위 우뚝 서 있다. 모양이 마치 거북이와 용이 서로 얽혀 있는 듯하다.' 라는 구절이 있다. 이 아래의 용담 계곡에 최옥이 용담정과 용담서사를 지었다. 수운 선생은 방랑 생활을 끝내고 이곳에 들어와 수도에 전념하다가 한울님으로부터 무극대도를 받아 동학을 창도하였다. 원래 이 일대는 최옥의 부친 최종하(崔宗夏)가 후학들의 학문과 수양을 위해 매입해 놓았던 곳으로 원적암(圓寂庵)이라는 암자가 있던 터다.
8 1859년(기미) 10월의 일. 『동경대전』(修德文)에, "率妻子還棲之日 己未之十月(처자를 거느리고 용담으로 돌아온 날은 기미년 시월이요…)"라고 했다.
9 계미·계사판에는 '귀미' 로 표기. 여기서는 모두 '구미' 로 통일함
10 수운 선생은 용담으로 돌아온 후, 자(字)는 도언(道彦)에서 성묵(性黙)으로, 호(號)는 수운재(水雲齋)로, 이름은 제선(濟宣)에서 제우(濟愚)로 새롭게 고치고, "道氣長存邪不入 世間衆人不同歸(도의 기운을 길이 보존함에 사특한 것이 들어오지 못하고, 세간의 뭇사람과 같이 돌아가지 않으리라"라는 「입춘시(立春詩)」를 문에 써 붙이고 이 세상을 살릴 도를 구하지 못하면 산 밖으로 나가지 않겠다는 결심을 굳게 한다.
11 계미·계사판에는 '히음업시.' 이하 모두 현대어 '하염없이' 로 통일함.

교훈가(敎訓歌)

모님께 받은 가업 힘써서 했더라면 먹고 입고 사는 것은 그런대로 됐겠지만, 무슨 큰 경륜이나 가지고 있는 듯이 어지러운 이 세상을 혼자 앉아 탄식하고, 그럭저럭 지내다가 살림마저 없앴으니, 원망도 쓸데없고 한탄도 쓸데없네.[12]

슬프다, 이내 신명. 이리될 줄 알았으면, 윤산(潤産)은 고사하고 부모님께 받은 세업(世業) 근력기중(勤力其中) 하였으면 악의악식(惡衣惡食) 면치마는, 경륜(經綸)이나 있는 듯이 효박(淆薄)한 이 세상에 혼자 앉아 탄식하고 그럭저럭 하다 가서 탕패산업(蕩敗産業) 되었으니, 원망도 쓸데없고 한탄도 쓸데없네.

'여필종부'[13]라는 말도 세상에는 있지 않소? 당신 역시 예전에는 호의호식 하던 말을 잠시라도 아니하면 부화부순[14] 될 것이며, 어린 자식 앞에 두고 어찌 차마 할 일인가? 그 말 저 말 그만두고 차차차차 지냅시다.

'여필종부(女必從夫)' 아닐런가. 자네 역시 자아시(自兒時)로 호의호식(好衣好食) 하던 말을 일시도 아니 말면 부화부순(夫和婦順) 무엇이며, 강보(襁褓)에 어린

---

12 『동경대전』(修德文) : 家産 漸衰 未知末稍之如何 年光漸益 可歎身勢之將拙(살림이 점점 어려워지니 나중에 어떻게 될런지 알 수가 없고 나이 차차 많아가니 신세가 장차 궁졸할 것을 걱정하였노라)
13 여자는 반드시 남편을 따라야 함. 유교에서 말하는, 三從之道(아버지, 남편, 아들을 따름) 중의 하나.
14 부부 사이가 화목함. 동학의 2세 교조 해월 선생은 '부화부순은 우리 도의 제일 종지이니라.' 고 한 바 있다.

자식 불인지사(不忍之事) 아닐런가. 그 말 저 말 다 던지고 차차차차 지내보세.

한울님이 사람 내니 주신 일도 있을 터요, 한울님께 달린 목숨 죽을 염려 왜 있으며,[15] 한울님이 사람 낼 때 녹(祿) 없이는 아니 내네. 우리네 팔자라고 그다지도 험하겠소? 부하고 귀한 사람 이전에는 빈천했고, 빈하고 천한 사람 오는 시절 부귀로세. 천운은 돌고 돌아 가고나면 돌아오니,[16] 더구나 우리 집안 대대로 쌓은 공덕 원래부터 그러하니 여경[17]인들 없겠는가. 대대로 내려오는 우리네 착한 마음 잃지 말고 지켜 내어 안빈낙도[18] 하온 후에 수신제가[19] 하여 보세.

천생만민(天生萬民) 하였으니 필수지직(必授之職) 할 것이오, 명내재천(命乃在天) 하였으니 죽을 염려 왜 있으며, 한울님[20]이 사람 낼 때 녹(祿) 없이는 아니 내

---

[15] 『동경대전』(論學文)에는, "命乃在天 天生萬民 古之聖人之所謂(목숨이 한울에 달려 있다느니 한울이 만민을 내었다든지 하는 것은 옛 성인이 하신 말씀이라.)"라 했다.
[16] 무왕불복(無往不復):『대학』(序)에는, "天運循環 無往不復(천운은 순환하는 것이어서 갔다가 되돌아오지 않는 것이 없다)"이라는 말이 있다.
[17] 남에게 좋은 일을 많이 한 보답으로 뒷날 그 자손이 받는 경사. 『주역』(坤)에, '積善之家 必有餘慶'(선을 쌓은 집안에는 반드시 경사가 있다).
[18] 가난하게 살면서도 그것에 구속되지 않고 편안한 마음으로 도를 즐기며 살아감. 『논어』(雍也):子曰 賢哉 回也 一簞食 一瓢飮 在陋巷 人不堪其憂 回也 不改其樂 賢哉 回也(어질도다, 안회여! 한 그릇의 밥, 한 바가지의 물로 누추한 뒷골목에 살게 되면 남들은 그 근심을 견디지 못하는데 안회는 그 즐거움을 바꾸려 하지 않는다. 어질구나, 안회여!)
[19] 『대학』 8조목의 하나. 몸과 마음을 닦아 수양하고 집안을 다스림. 대학 8조목은 格物(격물, 사물을 헤아리고), 致知(치지, 앎의 극치에 이르고), 誠意(성의, 뜻을 정성스럽게 하고), 正心(정심, 마음을 바르게 하고), 修身(수신, 몸을 닦고), 齊家(제가, 집안을 다스리고), 治國(치국, 나라를 다스리면), 平天下(평천하, 천하가 태평스럽게 된다).
[20] 계미·계사판에는 전편에 걸쳐 '하놀님, 후놀님, 후날님' 등으로 쓰여 있지만, 여기서는 모두 현재의 천도교의 표기대로 '한울님' 으로 통일한다.

네. 우리라 무슨 팔자 그다지 기험(崎險)할꼬. 부하고 귀한 사람 이전 시절 빈천(貧賤)이오, 빈하고 천한 사람 오는 시절 부귀(富貴)로세. 천운(天運)이 순환(循環)하사 무왕불복(無往不復) 하시나니, 그러나 이내 집은 적선적덕(積善積德) 하는 공(功)은 자전자시(自前自始) 고연(固然)이라 여경(餘慶)인들 없을소냐. 세세유전(世世遺傳) 착한 마음 잃지 말고 지켜 내서 안빈낙도(安貧樂道) 하온 후에 수신제가(修身齊家) 하여 보세.

아무리 사람들이 헐뜯거나 미워해도 못 들은 척하여 두고, 옳지 못한 흉한 짓은 못 본 척하여 두고, 어린 자식 잘 타일러 일일이 가르치고, 어진 일을 본받아서 집안일을 해 나가면, 그 아니 행복인가."

아무리 세상사람 비방하고 원망 말을 청이불문(聽而不聞) 하여 두고, 불의지사(不義之事) 흉한 빛을 시지불견(視之不見) 하여 두고, 어린 자식 효유(曉諭)해서 매매사사 교훈하여, 어진 일을 본을 받아 가정지업(家庭之業) 지켜 내면 그 아니 낙(樂)일런가."

이럭저럭 마음 놓고 칠팔 개월 지냈는데, 꿈에선가 잠에선가 무극대도 받아 내어,[21] 정심수신[22] 하고 나서 다시 앉아 생각하니, 우

---

21 1860년(경신) 4월 5일의 일. 『동경대전』(布德文) : 不意四月 心寒身戰 疾不得執症 言不得難狀之際 有何仙語 忽入耳中 驚起探問則 曰勿懼勿恐 世人謂我上帝 汝不知上帝耶 問其所然 曰余亦無功故 生汝世間 敎人此法 勿疑勿疑(뜻밖에도 사월에 마음이 선뜩해지고 몸이 떨려서

리 집안 여경[23]인가 순환지리 회복인가, 한울님 은혜가 어찌 이리 망극한고? 예전 시절 오는 시절 하나하나 살펴봐도 글도 없고 말도 없네.[24]

이러그러 안심해서 칠팔 삭(朔) 지내나니, 꿈일런가 잠일런가 무극대도(無極大道) 받아 내어, 정심수신(正心修身) 하온 후에 다시 앉아 생각하니, 우리 집안 여경(餘慶)인가 순환지리(循環之理) 회복인가, 어찌 이리 망극한고. 전만고(前萬古) 후만고(後萬古)를 역력히 생각해도 글도 없고 말도 없네.

많고 많은 사람 중에 나 말고는 사람 없나? 유도 불도 수천 년에 운이 다해 그러한가? 돌고 도는 새 운수를 내가 어찌 받았으며, 많고 많은 사람 중에 내가 그리 높았던가? 이 세상에 없을 사람 나는 어찌 있었던가? 아마도 이내 일은 잠자다가 얻었던가 꿈꾸다가 받았던가 헤아리지 못하겠네. 사람 보고 골랐다면 나보다 잘난 사람, 재질 보고 골랐다면 나보다 잘난 재질, 어찌 또 없겠는가? 의아한 점

무슨 병인지 집중할 수도 없고 말로 형상하기도 어려울 즈음에 어떤 신선의 말씀이 있어 문득 귀에 들리므로 놀라 캐어물은즉 대답하시기를, 두려워하지 말고 두려워하지 말라. 세상 사람이 나를 상제라 이르거늘 너는 상제를 알지 못하느냐. 그 까닭을 물으니 대답하시기를. 내 또한 공이 없으므로 너를 세상에 내어 사람에게 이 법을 가르치게 하니 의심하지 말고 의심하지 말라). 수운 선생은 이때 받은 도의 이름을 무극대도라 했다.

22 『대학』 8조목의 하나. 앞의 23쪽 참조(주 19)
23 앞의 23쪽 참조(주 17)
24 『동경대전』(論學文): 曰吾道 今不聞 古不聞之事 今不比 古不比之法也(오늘에도 듣지 못하고 옛적에도 듣지 못했던 일이요, 오늘에도 비교하지 못하고 옛적에도 비교하지 못하는 법이다)

교훈가(敎訓歌)

많지마는 한울님이 정하시니 어쩔 도리 전혀 없네. 사양하려 하지마는 어디 가서 사양하며 묻고자 하지마는 어디 가서 물어보나? 말 한 마디 글 한 구절 세상에 없는 법을 어디 가서 본을 볼꼬?

대저 생령(生靈) 많은 사람, 사람 없어 이러한가. 유도(儒道) 불도(佛道) 누천 년(累千年)에 운이 역시 다했던가. 윤회같이 둘린 운수 내가 어찌 받았으며, 억조창생 많은 사람 내가 어찌 높았으며, 일 세상없는 사람 내가 어찌 있었던고. 아마도 이내 일은 잠자다가 얻었던가 꿈꾸다가 받았던가 측량치 못할러라. 사람을 가렸으면 나만 못한 사람이며 재질을 가렸으면 나만 못한 재질이며, 만단의아(萬端疑訝) 두지마는, 한울님이 정하시니 무가내(無可奈)라 할 길 없네. 사양지심(辭讓之心) 있지마는 어디 가서 사양하며, 문의지심(問疑之心) 있지마는 어디 가서 문의하며, 편언척자(片言隻字) 없는 법을 어디 가서 본을 볼꼬.

말 못하고 생각하니 고친 '성묵(性默)' 그대로요, 어리석은 듯이 앉았으니 고친 '제우(濟愚)' 분명하다.[25]

묵묵부답(默默不答) 생각하니 고친 자호(字號) 방불(彷彿)하고, 어린 듯이 앉았으니 고친 이름 분명하다.

겨우겨우 할 수 없어 없는 정신 가다듬어 한울님께 아뢰오니, 한

---

25 앞의 21쪽 참조(주 10)

울님 하신 말씀,[26]

"너도 역시 사람이니 무엇을 알겠으며, 이 세상 많은 사람 동귀일체[27] 하는 줄을 사십 평생 살았지만 네가 어찌 알았겠냐?

그럭저럭 할 길 없어 없는 정신 가다듬어 한울님께 아뢰오니, 한울님 하신 말씀, "너도 역시 사람이라 무엇을 알았으며, 억조창생 많은 사람 동귀일체(同歸一體) 하는 줄을 사십 평생 알았더냐.

우습구나, 이 사람아. 이 일 저 일 행할 때는 무슨 뜻이 있었으며, 입산한 그달부터 자호 이름 고칠 때는 무슨 뜻이 있었는가? 이른바 입춘서[28]에 복록은 아니 빌고 무슨 경륜 포부 있어 '세간중인부동귀'라,[29] 의심 없이 지어내어 뚜렷하게 붙여 두니, 세상사람 구경할 때 자네 마음 어떻던고? 그런 마음 어디 두고, 만고 없는 무극대도 받아 놓고 자랑하니 참으로 보기 좋네.

우습다, 자네 사람. 백천만사(百千萬事) 행할 때는 무슨 뜻을 그러하며, 입산(入山)한 그달부터 자호(字號) 이름 고칠 때는 무슨 뜻을 그러한고. 소위(所謂) 입춘

---

26 이러한 '천사문답(天師問答)'은 경신년 4월 5일부터 관에 피체되기 직전인 계해년 10월경까지 계속된다.
27 모든 사람이 한울님 이법(마음)으로 돌아가 하나가 된다는 뜻. 『동경대전』(論學文)에, "吾心卽汝心也 人何知之(내 마음이 곧 네 마음이니라. 사람이 어찌 이를 알리오)."
28 입춘(立春)을 맞이하여 대문, 기둥, 대들보, 천정 등에 써 붙이는 좋은 뜻의 글귀. 立春祝, 立春榜이라고 한다. 입춘은 24절기의 하나. 大寒과 雨水 사이. 양력 2월 4일경. 동양에서는 이 날부터 봄이라고 한다.
29 앞의 21쪽 참조(주 10)

교훈가(敎訓歌)

(立春) 비는 말은 복록(福祿)은 아니 빌고, 무슨 경륜(經綸) 포부(抱負) 있어 '세간중인부동귀(世間衆人不同歸)'라 의심 없이 지어내어 완연(宛然)히 붙여 두니, 세상사람 구경할 때 자네 마음 어떻던고. 그런 비위(脾胃) 어디 두고, 만고 없는 무극대도 받아 놓고 자랑하니 그 아니 개자한가.

세상사람 돌아보고 많고 많은 사람 중에 재질을 가려내어 똑똑하다 어리석다 구별하여 무엇하며, 세상사람 저렇다고 탄식한들 무엇하랴. 남만 못한 사람인 줄 네가 어찌 알았으며, 남만 못한 재질인 줄 네가 어찌 안단 말이냐? 그런 소리 하지 말라. 이 세상 생긴 후에 처음 있는 일이로다. 착한 운수 둘러놓고 이 세상에 너를 내어, 자라날 때 하던 일은 내 모두 아는 바며, 적세만물[30]하는 법과 온갖 일을 행한 것도 내 조화로 한 것이니, 출중한 인물들이 어찌 한둘이겠는가?

세상사람 돌아보고 많고 많은 그 사람의 인지재질(人之才質) 가려내어 총명(聰明) 노둔(魯鈍) 무엇이며, 세상사람 저러하여 의아(疑訝) 탄식(歎息) 무엇인고. 남만 못한 사람인 줄 네가 어찌 알았으며, 남만 못한 재질인 줄 네가 어찌 알잔 말고. 그런 소리 말아스라, 낙지(落地) 이후 첨이로다. 착한 운수 둘러놓고 포

---

30 분명한 의미는 미상. 대체로, '격치만물(格致萬物)'의 오각(誤刻)으로 본다. '만물의 이치를 궁구하여[格物] 깊은 앎을 이룬다[致知]'의 뜻. '격치만물'은 앞의 23쪽 '대학 8조목' 참조 (주 19)

태지수(胞胎之數) 정해 내어 자아시(自兒時) 자라날 때 어느 일을 내 모르며, 적세만물[31]하는 법과 백천만사(百千萬事) 행하기를 조화 중(造化中)에 시켰으니, 출등인물(出等人物) 하는 이는 비비유지(比比有之) 아닐런가.

지각없는 세상사람 바라듯이 하는 말이 '아무는 이 세상에 재주가 많다보니 덕(德)은 없겠구나. 집안 살림 바닥내고 구미 용담 틀어박혀 불출산외 하는 뜻은 알다가도 모르겠네. 세상살이 힘든 탓에 서로가 한데 섞여 구차하게 사는데도, 처자식 부양 않고 집안 체통 지킨다고 안빈낙도 한다 하니 우습기 짝이 없네.'

지각없는 세상사람 원(願)한 듯이 하는 말이, '아무는 이 세상에 재승박덕(才勝薄德) 아닐런가, 세전산업(世傳産業) 탕패(蕩敗)하고 구미 용담(龜尾龍潭) 일정각(一亭閣)에 불출산외(不出山外) 하는 뜻은 알다가도 모를러라. 가난한 저 세정(世情)에 세상사람 한데 섞여 아유구용(阿諛苟容) 한다 해도, 처자보명(妻子保命) 모르고서 가정지업(家庭之業) 지켜 내어 안빈낙도(安貧樂道) 한단 말은 가소절창(可笑絕脹) 아닐런가.

이 말 저 말 떠돌아도 내가 알지 네가 알까. 그런 생각 두지 말고 마음을 바로하고 열심히 수도하라. 시킨 대로 시행해서 차츰차츰

---

31 계사판에는 '격세만물'.

교훈가(教訓歌)

가르치면, 무궁조화 그만두고 포덕천하[32] 할 것이니 도 닦는 절차는 오로지 그뿐일세. 법을 정하고 글을 지어 사람들을 가르치면, 입도한 세상사람 그날부터 군자 되어 무위이화[33] 될 것이니, 지상신선 바로 너라."

이 말 저 말 붕등(崩騰)해도 내가 알지 네가 알까. 그런 생각 두지 말고 정심수도(正心修道) 하여스라. 시킨 대로 시행해서 차차차차 가르치면, 무궁조화(無窮造化) 다 던지고 포덕천하(布德天下) 할 것이니 차제 도법(次第道法) 그뿐일세. 법을 정코 글을 지어, 입도한 세상사람, 그날부터 군자 되어 무위이화(無爲而化) 될 것이니, 지상신선(地上神仙) 네 이니냐."

이 말씀 듣고 나니 나 홀로 기쁘고도 자랑스러운 마음이네.[34] 그제야 이날부터 부처가 마주앉아 이 말 저 말 다하자니 즐겁기만 할 뿐일세.

---

32 천하에 덕을 편다는 뜻. 『동경대전』(布德文)에는, "吾有靈符 其名 仙藥 其形 太極 又形 弓弓 受我此符 濟人疾病 受我呪文 敎人爲我則 汝亦長生 布德天下矣(나에게 영부가 있으니 그 이름은 선약이요 그 형상은 태극이요 또 형상은 궁궁이니, 나의 영부를 받아 사람을 질병에서 건지고 나의 주문을 받아 사람을 가르쳐서 나를 위하게 하면 너도 또한 장생하여 덕을 천하에 펴리라)."라는 한울님으로부터 들은 말씀이 나온다.
33 인위적으로 하려고 애쓰지 않아도 이치 기운에 의해 저절로 이루어진다. 『동경대전』(論學文) : 曰 吾道 無爲而化矣 守其心正其氣 率其性受其敎 化出於自然之中也 (대답하기를, 우리 도는 무위이화라. 그 마음을 지키고 그 기운을 바르게 하고 한울님 성품을 거느리고 한울님의 가르침을 받으면, 자연한 가운데 화해나는 것이요)
34 '심독희자부(心獨喜自負)'는 한(漢) 나라 유방(劉邦, 후의 高祖)이, 백사(白蛇)를 베고 자기가 중국을 통일한다는 암시를 받았을 때 가진 기쁨과 자부심을 표현한 말이다. 출처 : 『사기』(高祖本紀)

이 말씀 들은 후에 심독희자부(心獨喜自負)로다. 그제야 이날부터 부처(夫妻)가 마주앉아 이 말 저 말 다한 후에 희희낙담(喜喜樂談) 그뿐일세.

"이제는 들어 보오. 이내 몸이 이리 되니, 예전에 하던 장난 미친 짓이라 하겠는가? 내 역시 하던 말이 헛말이라 했겠지만 이제는 옳게 되니, 남아로 태어나서 장난도 할 것이고 헛말인들 아니 할까? 당신 생각 어떠하오?"

"이제는 자네 듣소. 이내 몸이 이리되니, 자소시(自少時) 하던 장난 여광여취(如狂如醉) 아닐런가. 내 역시 하던 말이 헛말이 옳게 되니, 남아 역시 출세 후(出世後)에 장난도 할 것이오 헛말인들 아니 할까. 자네 마음 어떠한고."

노처의 거동 보소. 묻는 말은 대답 않고 무릎 안고 입 다시며 '세상에' 하는 소리 서너 마디 겨우 하고 천장만 살피면서,

노처(老妻)의 거동 보소. 묻는 말은 대답찮고, 무릎 안고 입 다시며 '세상' 소리 서너 마디 근근이 끌어내어 천장만 살피면서,

"꿈이런가 잠이런가, 허허 세상, 허허 세상, 다 같이 세상사람, 우리 복이 이러할까? 한울님도 한울님도 이리 될 우리 신명, 어찌 그리 심한 고생 지금까지 시키신고. 오늘에야 처음으로 하게 되는 말이지만, 미친 듯한 저 사람을 간 곳마다 따라가며 지질했던 그 고생

교훈가(教訓歌)

을 누구에게 그 말 하나. 그러면서 집에 오면 장담해서 하는 말이 '이 사람아, 이 사람아, 이게 무슨 고생인가? 내 팔자가 좋아지면, 기쁨을 벗을 삼고 고생도 기쁨 되네. 잔말 말고 따라 오세, 헛늙을 내 아니라.'

나 역시 어이없어 얼굴만 뻔히 보며 속으로만 한숨지었네. 지금까지 지낸 것은 다름이 아니로다. 남들에게 하는 모습 세상사람 아닌 듯, 처자식을 대할 때는 그 진정이 지극하니, 한울님 은덕으로 좋은 운수 돌아올 줄 나도 또한 알았습네."

"꿈일런가 잠일런가, 허허 세상, 허허 세상, 다 같이 세상사람, 우리 복(福)이 이러할까. 한울님도 한울님도 이리될 우리 신명, 어찌 앞날 지낸 고생 그다지 시키신고. 오늘사 참 말인지, 여광여취(如狂如醉) 저 양반을 간 곳마다 따라가서 지질한 그 고생을 눌로 대해 그 말이며, 그중에 집에 들면 장담(壯談)같이 하는 말이, '그 사람도 그 사람도 고생이 무엇인고. 이내 팔자 좋을진댄, 희락(喜樂)은 벗을 삼고 고생은 희락이라. 잔말 말고 따라 가세, 공로(空老)[35]할 내 아니라.'

내 역시 어척없어 얼굴을 뻔히 보며 중심(中心)에 한숨지어, 이적지 지낸 일은 다름이 아니로다. 인물 대접하는 거동 세상사람 아닌 듯고. 처자(妻子)에게 하는 거동 이내 진정(眞情) 지극하니, 천은(天恩)이 있게 되면 좋은 운수 회복할

---

35 혹은 '空勞' - '헛수고, 헛된 노력' 으로 해의하기도 함.

줄 나도 또한 알았습네."

한 번 웃고 털어내니 치오르는 그 기쁨을 이기기 어렵더라.
    일소일파(一笑一罷) 하온 후에 불승기양(不勝氣揚) 되었더라.

그럭저럭 지내다가 문을 활짝 열어놓고 오는 사람 가르치니 감당하기 어렵도다. 현인 군자 모여들어 한울님 덕 밝혀내니 우리 도의 성운이요, 성덕임이 분명하다.[36]
    그럭저럭 지내다가 통개중문(洞開重門) 하여 두고 오는 사람 가르치니 불승감당(不勝堪當) 되었더라. 현인(賢人) 군자(君子) 모여들어 명명기덕(明明其德) 하여내니 성운성덕(盛運盛德) 분명하다.

그 모르는 세상사람, 저보다 잘난 사람 싫어할 줄 알았던가. 헛말들을 지어내어 듣지 못한 그 말이며 보지 못한 그 소리를 어찌 그

---

36 1861년(신유) 6월의 일. 『동경대전』(修德文) : 不意布德之心 極念致誠之端 然而彌留 更逢辛酉 時維六月 序屬三夏 良朋滿座 先定其法 賢士問我 又勸布德(뜻밖에 포덕할 마음이 생겼으니 지극한 정성을 드린 까닭이라. 그렇게 미루어 다시 신유년을 만나니, 때는 유월이요 절기는 여름이었더라. 좋은 벗들이 자리에 가득함에 먼저 도 닦는 법을 정하고, 어진 선비들이 나에게 물음에 또한 포덕을 권하니라). 또한, 開門納客 其數其然 肆筵說法 其味其如 冠子進退 悅若有三千之班 童子拜拱 倚然有六七之詠 年高於我 是亦資之禮 歌詠而舞 豈非仲尼之蹈(자리를 펴고 법을 베푸니 그 재미가 그럴 듯하도다. 어른들이 나아가고 물러가는 것은 마치 삼천 제자의 반열 같고, 어린이들이 읍하고 절하는 것은 육칠의 읊음이 있는 것 같도다. 나이가 나보다 많으니 이 또한 자공의 예와 같고, 노래 부르고 춤을 추니 어찌 공자의 춤과 다르랴.)

리 만들어서 별별 소리 다하는가. 슬프다, 세상사람. 내 운수 좋아지면 네 운수 가련할 줄 어찌 그리 잘 아는고?

그 모르는 세상사람 승기자(勝己者) 싫어할 줄. 무근설화(無根說話) 지어내어 듣지 못한 그 말이며 보지 못한 그 소리를 어찌 그리 자아내서 향안설화[37] 분분(紛紛)한고. 슬프다, 세상사람. 내 운수 좋자 하니 네 운수 가련할 줄 네가 어찌 알잔 말고.

가련하다, 경주 향중. 사람 없어 그러하다. 어진 사람 있게 되면 이런 말이 왜 있을까? 향중 풍속 그러해도 우리 문중 가련하다. 알도 못한 흉언괴설 남보다도 배나 하며, 육친조차 무슨 일로 원수처럼 대접하니, 아비라도 죽였던가 어찌 그리 원수던가? 은원 없는 사람마저 그중에 싸잡혀서 또 역시 원수 되니, '조걸위학'[38] 이 말인가?

가련하다, 경주(慶州) 향중(鄕中). 무인지경(無人之境) 분명하다. 어진 사람 있게 되면 이런 말이 왜 있으며, 향중 풍속 다 던지고 이내 문운(門運) 가련하다. 알도 못한 흉언괴설(凶言怪說) 남보다가 배나 하며, 육친(肉親)이 무삼 일고 원수같이 대접하며, 살부지수(殺父之讐) 있었던가 어찌 그리 원수런고. 은원(恩怨)

---

37 계사판에는 '향인설화'. 대체로, 그 뜻을 '鄕 안 說話', '向顔說話', '鄕人說話', '向人說話' 등으로 해의함.
38 이 말은 본래 '걸(桀, 중국 고대 夏의 폭군)을 부추겨 더욱 포악하게 한다' 는 뜻. 오늘날에는, '못된 사람을 부추겨 악한 짓을 더하게 한다' 는 뜻으로 쓰임.

없이 지낸 사람 그중에 싸잡혀서 또 역시 원수 되니 '조걸위학(助桀爲虐)' 이 아닌가.

아무리 그리해도 죄 없으면 그뿐일세. 죄 없으면 그만이나 나도 세상사람인데 어째서 죄도 없이 모함 중에 든단 말가. 이 운수 아니라면 죄 없다고 면할런가. 더구나 이내 집은 과문지취[39] 아닐런가. 아서라, 이내 신명. 운수도 믿지마는 감당하기 어려우니, 남의 이목 살펴 두고 이렇게 아니 하면, 세상을 깔보고 관장을 깔보는 듯. 어쩔 수가 전혀 없네. 무극한 이내 도는 내 아니 가르쳐도, 운수 있는 사람이면 차차차차 받아다가 차차차차 가르치니 나 없어도 잘되리라.
아무리 그리해도 죄 없으면 그뿐일세. 아무리 그리하나 나도 세상사람으로 무단(無端)히 사죄(死罪) 없이 모함 중에 들단 말가. 이 운수 아닐러면 무죄한들 면할소냐. 하물며 이내 집은 과문지취 아닐런가. 아서라, 이내 신명. 운수도 믿지마는 감당도 어려우되, 남의 이목(耳目) 살펴 두고 이같이 아니 말면, 세상을 능멸(凌蔑)한 듯 관장(官長)을 능멸한 듯. 무가내라 할 길 없네. 무극한 이내 도(道)는 내 아니 가르쳐도 운수 있는 그 사람은 차차차차 받아다가 차차차차 가르치니, 내 없어도 당행(當行)[40]일세.

---

39 뜻 미상. 科文(門)之聚?(과거 급제자를 많이 배출한 집안)?
40 '다행(多幸)'의 오각으로 해의하기도 함.

교훈가(教訓歌)

행장을 차려 내어 먼 길을 떠나자니, 수도하는 사람마다 정성 드려 하겠지만, 아직 어린 너희들을 어찌 두고 가겠는가? 잊을 도리 전혀 없어 간곡하게 타이르니, 떠나가는 이내 마음 너희들도 헤아려라. 그러나 할 수 없어 하루아침 헤어지네.[41]

행장을 차려 내어 수천 리를 경영하니, 수도하는 사람마다 성지우성(誠之又誠) 하지마는, 모우미성(毛羽未成) 너희들을 어찌하고 가잔 말고. 잊을 도리(道理) 전혀 없어 만단효유(萬端曉諭) 하지마는, 차마 못한 이내 회포 역지사지(易地思之) 하여스라. 그러나 할 길 없어 일조분리(一朝分離) 되었더라.

멀고 먼 가는 길에 생각나니 너희로다. 객지에 홀로 앉아 너희들을 생각하면, 너희 수도하는 거동 귀에도 쟁쟁하며 눈에도 삼삼하며, 어떤 때는 너희들의 제멋대로 하는 수도 눈에도 거슬리며 귀에도 들리는 듯. 아마도 너희들이 시킨 대로 하지 않고 제멋대로 하나 보다.

멀고 먼 가는 길에 생각나니 너희로다. 객지에 외로 앉아 어떤 때는 생각나서, 너희 수도하는 거동 귀에도 쟁쟁하며 눈에도[42] 삼삼하며, 어떤 때는 생각

41　수운 선생은 1861년(신유) 11월, 각가지 무근설화 및 관의 지목을 피해 용담에서의 포덕을 접고 제자 최중희(崔仲羲)와 함께 남도 순행길을 떠남. 그 일정은 대체로, 경주 출발(11월 초순) → 울산 처가 → 웅천(진해) →의령 → 성주 → 장수 → 남원(12월 20일경 도착)으로 추정함. 이러한 내용으로 보면, 이 글은 신유년 11월 이후에 지은 글이라 할 수 있다.
42　계사판에는 '눈의'

나서 일사위법(日事違法) 하는 빛이 눈에도 거슬리며 귀에도 들리는 듯. 아마도 너희 거동 일사위법 분명하다.

밝고 밝은 이 운수는 원한다고 이러하며 바란다고 이리 될까. 아서라, 너희 거동. 아니 봐도 알겠구나. '부자유친' 이라지만 운수조차 유친이며, '형제일신' 이라지만 운수조차 일신인가. 너희 역시 사람이면 남의 수도하는 법을 당연히 보련마는 어찌 그리 매몰찬가. 지각없는 이것들아, 남의 수도 본을 받아 정성으로 공경해서 정심수신[43]하여 보세.

명명(明明)한 이 운수는 원한다고 이러하며 바란다고 이러할까. 아서라, 너희 거동. 아니 봐도 보는 듯다. '부자유친(父子有親)' 있지마는 운수조차 유친이며, '형제일신(兄弟一身)' 있지마는 운수조차 일신인가. 너희 역시 사람이면 남의 수도하는 법을 응당히 보지마는 어찌 그리 매몰한고. 지각없는 이것들아, 남의 수도 본을 받아 성지우성(誠之又誠) 공경해서 정심수신(正心修身) 하여스라.

아무리 그리해도 이 몸이 이리 되니 너희를 가르치는 은덕이야 있겠지만, 도성입덕[44] 하는 법은 한 가지는 정성이요 한 가지는 사람이라. 부모의 가르침을 아니 듣고 빈둥대면 짐승에 가깝고, 자행

---

43 『대학』 8조목의 하나. 앞의 23쪽 참조(주 19)
44 도와 덕을 이룸. 『동경대전』(修德文)에는 '도성덕립(道成德立)' 이라고도 했다.

교훈가(敎訓歌)

자지[45] 아닐런가.

아무리 그러해도 이내 몸이 이리되니 은덕(恩德)이야 있지마는, 도성입덕(道成立德) 하는 법은 한 가지는 정성이요 한 가지는 사람이라. 부모의 가르침을 아니 듣고 낭유(浪遊)하면 금수(禽獸)에 가직하고, 자행자지(自行自止) 아닐런가.

우습다, 너희 사람. 나는 전혀 모르겠네. 부자 형제 가운데도 도성입덕 각각이라. 대체로 이 세상에 정성 있는 그 사람이 어진 사람 분명하니, 마음먹고 본받으면 정성 공경 왜 못할까. 안타깝네, 너희 모습. 뛰어난 현인까진 바라지 않겠지만, 남의 아래 되고 도덕에도 못 미치면, 스스로 불러오는 재앙이라 하더라도[46] 나도 또한 한이 되네.

우습다, 너희 사람 . 나는 도시(都是) 모를러라. 부자형제(父子兄弟) 그 가운데 도성입덕(道成立德) 각각이라. 대저 세상사람 중에 정성 있는 그 사람은 어진 사람 분명하니, 작심(作心)으로 본을 보고 정성 공경 없단 말가. 애달하다, 너희들은. 출등(出等)한 현인(賢人)들은 바랄 줄 아니로되, 사람의 아래 되고 도덕에 못 미치면, 자작지얼(自作之孼)이라도 나는 또한 한(恨)이로다.

---

45 자행자지(自行自止) : 자기 마음 내키는 대로 행동함.
46 자작지얼(自作之孼) : 『서경』(太甲)에는 天作孼 猶可違 自作孼 不可逭(하늘이 만든 재앙은 어길 수 있어도 스스로 만든 재앙은 면할 수 없다)

운수야 좋다 해도 닦아야 도덕이라. 너희네 팔자라고 뭐가 그리 좋다고 저절로 되겠느냐? 생각 없는 이것들아, 나를 믿고 그러하냐? 나는 도시 믿지 말고 한울님을 믿어라. 네 몸에 모시고서 어디 가서 찾겠느냐?[47]

운수야 좋거니와 닦아야 도덕이라. 너희라 무슨 팔자 불로자득(不勞自得) 되단 말가. 하염없는 이것들아, 날로 믿고 그러하냐. 나는 도시 믿지 말고 한울님을 믿어스라. 네 몸에 모셨으니 사근취원(捨近取遠) 하단 말가.

내 또한 바라노니 한울님만 전혀 믿고, 글 모르는 너희들은 서책은 아주 덮고 수도에만 힘을 써도 그도 또한 도덕이라. 문장이고 도덕이고 헛일 될까 걱정이네. 열세 자[48] 지극하면 만권시서 무엇하며, '심학'[49]이라 하였으니 이 뜻을 잊지 말라. 현인 군자 될 것이니 도성입덕 못 하겠나? 이같이 쉬운 도를 어찌해서 네 스스로 자포자기[50]하단 말가.

---

47 동학에서는 사람을 '시천주(侍天主)'의 존재로 본다.
48 동학의 본주문 '侍天主 造化定 永世不忘 萬事知' (시천주 조화정 영세불망 만사지)의 13자를 말함.
49 『동경대전』(祝文)에는, "懺悔從前之過 願隨一切之善 永侍不忘 道有心學 幾至修煉(이전의 허물을 참회하고 일체의 선에 따르기를 원하여, 길이 모셔 잊지 아니하고 도를 마음공부에 두어 거의 수련하는데 이르렀습니다)"이란 말이 있다. 일반적으로 '심학'이라 하면 '양명학(陽明學)'을 가르키기도 한다.
50 지금은 흔히 '절망이나 불만에 빠져 스스로를 해치거나 앞날을 돌아보지 아니함'의 뜻으로 쓰임. 그러나 『맹자』(離婁)에 의하면, '仁과 義를 돌아보지 않는 삶'을 뜻한다. 孟子曰 自暴者 不可與有言也 自棄者 不可與有爲也. 言非禮義, 謂之自暴也, 吾身不能居仁由義, 謂之自棄也.

교훈가(敎訓歌)

내 역시 바라기는 한울님만 전(專)혀 믿고, 해몽(解蒙) 못한 너희들은 서책(書冊)은 아주 폐(廢)코 수도하기 힘쓰기는 그도 또한 도덕이라. 문장이고 도덕이고 귀어허사(歸於虛事) 될까 보다. 열세 자 지극하면 만권시서(萬卷詩書) 무엇하며, '심학(心學)'이라 하였으니 불망기의(不忘其意) 하여스라. 현인(賢人) 군자(君子) 될 것이니 도성입덕(道成立德) 못 미칠까. 이같이 쉬운 도를 자포자기(自暴自棄) 하단 말가.

참으로 안타깝네. 어찌 그리 매몰찬고? 탄식조차 괴롭구나. 요 순 같은 성현들도 못난 자식 두었으니[51] 한탄할 것 없지마는 별다른 도리 없어, 답답한 이내 마음 감당도 할 수 없고 뇌두자니 안타까워 겨우겨우 힘들여서 글 한편 지었으니, 귀귀자자 잘 살피어 마음을 바로잡고 내 말대로 행하여서, 다시 만날 그날에는 눈 비비고 보게 되면 즐겁기도 하거니와 이내 집안 큰 운수라. 이 글 보고 뉘우치고 나를 본 듯 수도하라.

仁 人之安宅也 義 人之安路也 曠安宅而弗居 舍正路而不由 哀哉! (自暴하는 사람과는 더불어 대화를 나눌 수가 없다. 自棄하는 사람과도 더불어 행동을 할 수가 없다. 입만 열면 예의를 비난하는 것을 自暴라고 한다. 또한 내가 인(仁)과 의(義)에 살 수 없다고 하는 것을 自棄라고 한다. 仁은 사람의 편안한 집이요, 義는 사람의 바른 길이다. 편안한 집을 비운 채 들어가 살려 하지 않으며, 올바른 길을 버린 채 그 길을 걸으려 하지 않는 것은 실로 개탄할 일이로다.)
51 요 임금과 순 임금은 중국의 삼황오제 때의 전설적인 임금. 후세 유가에 의해 이상적인 천자(天子)로 미화되어 있다. 요 임금에게는 단주(丹朱)라는 아들이 있었고, 순 임금에게는 상균(商均, 또는 尙均)이라는 아들이 있었지만, 제위를 물려받을 인물이 못되어, 요 임금은 제위를 순에게 선양(禪讓)하였고, 순 임금도 역시 인망이 높은 우(禹)에게 선양하였다고 한다.

애달다, 너희 사람. 어찌 그리 매몰한고. 탄식하기 괴롭도다. 요순(堯舜) 같은 성현(聖賢)들도 불초자식(不肖子息) 두었으니 한(恨)할 것이 없다마는, 우선에 보는 도리(道理), 울울(鬱鬱)한 이내 회포 금(禁)차 하니 난감(難堪)이오 두자 하니 애달해서 강작(强作)히 지은 문자, 귀귀자자 살펴 내어 방탕지심(放蕩之心) 두지 말고 이내 경계(警戒) 받아 내어, 서로 만날 그 시절에 괄목상대(刮目相對) 되게 되면 즐겁기는 고사하고 이내 집안 큰 운수라. 이 글 보고 개과(改過)하여 날 본 듯이 수도하라.

부디부디 이 글 보고 남들처럼 수도하라. 너희 역시 그러다가 뒷날이 안 좋으면 나를 보고 원망할까? 나 역시 이 글 전해 아무 효험 없게 되면 네 신수 가련하고, 이내 말이 헛말 되면 나도 역시 수치로다. 너희 역시 사람이면 생각고 생각할까.

부디부디 이 글 보고 남과같이 하여스라. 너희 역시 그렇다가 말래지사(末來之事) 불민(不憫)하면 날로 보고 원망할까. 내 역시 이 글 전해 효험 없이 되게 되면 네 신수 가련하고, 이내 말 헛말 되면 그 역시 수치로다. 너희 역시 사람이면 생각고 생각할까.

교훈가(敎訓歌)

안심가(安心歌) 경신(庚申)

현숙한 내 집 부녀, 이 글 보고 안심하소.

현숙(賢淑)한 내 집 부녀, 이 글 보고 안심(安心)하소.

대체로 모든 생명 죽고 살고 하는 것은 한울님께 달렸다네. 하물며 만물 중에 사람만이 최령일세.[1] 나도 또한 한울님께 명복 받아 태어나고, 지금까지 지낸 일을 하나하나 헤아리면, 겹겹이 험한 일들 겪고 나니 고생일세. 한울님이 정했으니 어쩔 수가 전혀 없다.

대저 생령(生靈) 초목(草木) 군생(群生) 사생재천(死生在天) 아닐런가. 하물며 만물지간(萬物之間) 유인(惟人)이 최령(最靈)일네. 나도 또한 한울님께 명복(命福) 받아 출세(出世)하니, 자아시(自兒時) 지낸 일을 역력히 헤어 보니, 첩첩이 험한 일을 당코 나니 고생일네. 이도 역시 천정(天定)이라, 무가내(無可奈)라 할 길 없다.

그 모르는 처자들은 놀고먹는 귀공자가 부러워서 하는 말이,

---

1 『동경대전』(論學文) : 陰陽 相均 雖百千萬物 化出於其中 獨惟人 最靈者也(음과 양이 서로 고루어 비록 백천만물이 그 속에서 화해 나지마는 오직 사람이 가장 신령한 것이니라)

'신선인가 사람인가, 같은 세상 태어나서 어찌 저리 같잖은가?' 한울님을 우러르며 탄식하는 말을 하니, 보고 나니 한숨이고 듣고 나니 눈물이라.

그 모르는 처자(妻子)들은 유의유식(遊衣遊食)[2] 귀공자를 흠선(欽羨)해서 하는 말이, '신선인가 사람인가, 일천지하(一天之下) 생긴 몸이 어찌 저리 같잖은고.' 앙천탄식(仰天歎息)하는 말을 보고 나니 한숨이오 듣고 나니 눈물이라.

내 역시 하는 말이,
"슬프다고 생각 말고 내 말 잠깐 들어보라. 천상의 상제님도 선악 분별 아니 하네. 조정의 공경부터 이 세상 모든 사람 한울님께 명복 받아, 부귀자는 공경 되고 빈천자는 백성 되네. 우리 또한 빈천자로 초야에서 살아가니 놀고먹는 귀공자를 바랄 수가 있겠는가? 복록은 고사하고 구설앙화 더 무섭다. '졸부귀불상'[3]이란 전해오는 말 아닌가? 공자님도 하신 말씀, '안빈낙도'[4] 내 아닌가? 우리라고 무슨 팔자 고진감래 없을소냐? 홍진비래 되게 되면 더없이 무섭도다. 한탄 말고 지내보세."

내 역시 하는 말이,

---

2 혹은, '裕衣裕食(의식이 넉넉함)'으로 해의
3 갑자기 얻은 부귀는 도리어 상서롭지 못하다.
4 앞의 23쪽 참조(주 18)

안심가(安心歌)

"비감회심(悲感悔心) 두지 말고 내 말 잠깐 들어스라. 호천금궐(昊天金闕) 상제(上帝)님도 불택선악(不擇善惡) 하신다네. 자조정공경(自朝廷公卿) 이하(以下) 한울님께 명복(命福) 받아, 부귀자는 공경(公卿)이오 빈천자는 백성이라. 우리 또한 빈천자로 초야에 자라나서 유의유식 귀공자는 앙망불급(仰望不及) 아닐런가. 복록(福祿)은 다 버리고 구설앙화(口舌殃禍) 무섭더라. '졸부귀불상(猝富貴不祥)' 이라, 만고유전(萬古遺傳) 아닐런가. 공부자(孔夫子) 하신 말씀, '안빈낙도(安貧樂道)' 내 아닌가. 우리라 무슨 팔자 고진감래(苦盡甘來) 없을소냐. 흥진비래(興盡悲來) 무섭더라, 한탄 말고 지내보세."

이럭저럭 세월 흘러 어느덧 사십이라. 사십 평생 이뿐인가, 어쩔 수가 전혀 없네. 가련하다, 우리 부친.[5] 구미산에 지은 정자[6] 날 주려고 지었던가. 이제는 할 수 없어 어쩔 수가 없구나. '천불생무록

---

5 수운의 부친은 최옥(崔𡋢, 1762~1840). 자는 자성(子成). 호는 근암(近庵). 영남학파 기와(畸窩, 李象遠)의 문하에서 수학. 부친 최종하(崔宗夏)의 뜻을 따라 과거 공부에 매진했으나 급제하지 못하고 40에 이르러 학문에만 열중했다. 문집으로 『근암집(近庵集)』. 『동경대전』(修德文)에는, "家君出世 名盖一道 無不士林之共知 德承六世 豈非子孫之餘慶……年至四十 工知芭蘺之邊物 心無靑雲之大道 一以作歸去來之辭 一以詠 覺非是之句 携筇理履 怳若處士之行 山高水長 莫非先生之風(아버님이 세상에 나타나심에, 이름이 한 도에 덮였으니 선비들이 모르는 이가 없었고 덕이 육대를 이었으니 어찌 자손의 여경이 아니겠는가……나이 사십에 이름에, 공부한 것은 울타리 가에 버린 물건으로 아시고 마음에는 벼슬할 뜻이 없었노라. 한편으로는 귀거래사를 지으시고 한편으로는 각비시의 글귀를 읊으시니라. 지팡이를 짚고 짚신을 신은 것은 마치 처사의 행색 같고, 산이 높고 물이 긴 것은 선생의 풍도와 다름이 없더라)."라는 구절이 있다.
6 앞의 21쪽 참조(주 7)

지인'[7]이라, 이 말이 그 말인가. 곰곰이 생각하니 이도 역시 천정일세. 한울님이 정하시니, 따르지 아니하면 재앙 올까 무섭도다.

이러그러 지내나니 거연(居然)[8] 사십 되었더라. 사십 평생 이뿐인가, 무가내(無可奈)라 할 길 없네. 가련하다, 우리 부친. 구미산정(龜尾山亭) 지을 때에 날 주려고 지었던가, 할 길 없어 무가내라. '천불생무록지인(天不生無祿之人)'이라, 이 말이 그 말인가. 곰곰이 생각하니 이도 역시 천정(天定)일네. 한울님이 정하시니 반수기앙(反受其殃) 무섭더라.

무정세월 흘러흘러, 칠팔 개월[9] 지내나니, 경신 사월 초오일에 꿈이런가 잠이런가, 천지가 아득하여 수습하기 어렵더라.[10] 공중에서 나는 소리 천지를 뒤흔드니, 집안사람 거동 보소. 놀랍고 두려워서 얼굴빛이 달라지며,

"아이고, 내 팔자야, 무슨 일로 이리 됐나? 아이고, 사람들아, 약도 쓸 수 없단 말가? 캄캄한 이 밤중에 누구와 이 말 하나?"

---

7 『明心寶鑑』(省心篇) : 天不生無祿之人, 地不長無名之草(한울은 녹 없는 사람은 내지 않고, 땅은 이름 없는 풀은 기르지 않는다). 앞의 「교훈가」: 한울님이 사람 낼 때 녹(祿) 없이는 아니 내네 (24쪽 참고)
8 혹은, '遽然'(갑자기)으로 해의.
9 『동경대전』(修德文)에는 이때의 일이, "率妻子還捿之日 己未之十月 乘其運道受之節 庚申之四月 是亦夢寐之事 難狀之言(처자를 거느리고 용담으로 돌아온 날은 기미년 시월이요 그 운수를 타고 도를 받은 시절은 경신년 사월이라. 이 또한 꿈같은 일이요 형상하기 어려운 말이니라)."이라고 기록되어 있다. 이 해에는 윤3월이 있었다.
10 1860년(경신) 4월 5일의 일. 앞의 24쪽 참조(주 21)

안심가(安心歌)

무정세월여류파(無情歲月如流波)라, 칠팔 삭(朔) 지내나니, 사월이라 초오일에 꿈일런가 잠일런가, 천지가 아득해서 정신수습 못할러라. 공중에서 외는 소리 천지가 진동(震動)할 때, 집안사람 거동 보소. 경황실색(驚惶失色) 하는 말이,
"애고애고, 내 팔자야, 무삼 일로 이러한고. 애고애고, 사람들아, 약도사 못해 볼까. 침침칠야(沈沈漆夜) 저문 밤에 눌로 대해 이 말 할꼬."

놀라서 우는 자식 구석마다 끼어 있고, 집안사람 거동 보면, 자방머리 행주치마, 엎어지고 자빠지며 종종걸음 분주할 때, 공중에서 나는 소리,
"두려워 말고 두려워 말라, 천상의 상제님을 네가 어찌 알겠느냐?"
경황실색 우는 자식 구석마다 끼어 있고, 댁의 거동 볼작시면 자방머리 행주치마 엎어지며 자빠지며 종종걸음 한창 할 때, 공중에서 외는 소리,
"물구물공(勿懼勿恐) 하여스라. 호천금궐(昊天金闕) 상제(上帝)님을 네가 어찌 알까 보냐?"

초야에 묻힌 인생, 이리될 줄 알았던가? 개벽[11] 운수 맞이하는 우리나라 첫 날이라 긴 사연을 주시는데, 이 세상 온갖 나라 모두 다 버리시고 아국 운수 먼저 하네. 놀라고 당황해서 어쩌지를 못하다

---

11 천지가 처음으로 열리고 생김. 인류 문명의 새로운 지평이 열림.

가 정신수습 되었더라.

초야에 묻힌 인생 이리될 줄 알았던가. 개벽시(開闢時) 국초일(國初日)을 만지장서(滿紙長書) 나리시고, 십이제국(十二諸國) 다 버리고 아국 운수 먼저 하네. 그럭저럭 창황실색(惝怳失色) 정신수습 되었더라.

그럭저럭 불 밝히고 온 밤을 새우는데, 한울님 하신 말씀, "백지 펴라" 분부하네. 깜짝 놀라 할 수 없어 백지 펴고 붓을 드니, 처음 보는 물형부[12]가 종이 위에 뚜렷하네. 내 역시 정신없어 처자 불러 묻는 말이,

"이것이 웬 일인고, 저런 부(符)를 본 적 있나?"

그럭저럭 장등달야(長燈達夜), "백지 펴라" 분부하네. 창황실색(惝怳失色) 할 길 없어 백지 펴고 붓을 드니, 생전 못 본 물형부(物形符)가 종이 위에 완연(宛然)터라. 내 역시 정신없어 처자(妻子) 불러 묻는 말이,

"이 웬 일고, 이 웬 일고, 저런 부(符) 더러 본가?"

자식의 하는 말이,

"아버님, 이 웬 일고, 정신 좀 차리시오. '백지 펴고 붓을 드니,

---

12 무형적인 것을 기호화(記號化), 표지화(標識化)한 부적(符籍). 여기서는 동학의 궁을(弓乙)의 형태로 된 '영부(靈符)'를 말함. 『동경대전』(布德文) : 吾有靈符 其名 仙藥 其形 太極 又形 弓弓(나에게 영부 있으니 그 이름은 선약이요, 그 형상은 태극이요, 또 형상은 궁궁이라).

안심가(安心歌)

물형부 있다' 는데 정신 나간 소리로다. 아이고, 어머님아, 우리 신명 이 웬 일고? 아버님 거동 보소, 저런 말씀 어디 있노?"

자식의 하는 말이,

"아버님, 이 웬 일고, 정신수습 하옵소서. 백지 펴고 붓을 드니, 물형부(物形符) 있단 말씀, 그도 또한 혼미(昏迷)로다. 애고애고, 어머님아, 우리 신명 이 웬 일고. 아버님 거동 보소, 저런 말씀 어디 있노."

모자가 마주 앉아 손 붙들고 통곡할 때, 한울님 하신 말씀,

"지각없는 인생들아, 삼신산[13] 불사약을 사람마다 볼까 보냐. 미련한 이 사람아, 네가 다시 그려내서 그릇 안에 불살라서, 냉수 한 잔 떠다가서 물에 타서 마셔 보라."

이 말씀 들은 후에 바삐 한 장 그려내어 물에 타서 먹어 보니, 무성무취 다시없고 아무 맛도 없는 것이 특징이라 하겠도다.[14]

---

13 중국 전설에 나오는 봉래산(蓬萊山), 방장산(方丈山), 영주산(瀛州山)을 통틀어 이르는 말. 진시황과 한 무제가 불로불사약을 구하기 위하여 동남동녀 수천 명을 보냈다고 한다.
14 『道源記書』: 上帝 曰 愚昧人生 汝 以筆書之 燒置精器冷水呑服 先生 卽寫一張 燒以呑服則 初試之際 無聲無臭 特甚也("우매한 인생이다. 너는 붓으로 이를 써서 깨끗한 그릇에 담아 태워서 냉수로 마시도록 하라." 선생께서 즉시 한 장을 그려서 이를 태워 마시니, 처음 시도할 때에는 소리도 없고 냄새도 없다는 것이 그 특징이었다).
 '무성무취' 라는 말은, 『시경』(大雅)의, '上天之載 無聲無臭' (하늘의 일이란 소리도 냄새도 없는 것이라)라는 구절에 있다. 천도의 궁극적인 세계를 이르는 말이다.
 한편 이 당시의 상황을 『동경대전』(布德文)에서는, "吾亦感其言 受其符 書以呑服則 潤身差病 方乃知仙藥矣 到此用病則 或有差不差故 莫知其端 察其所然則 誠之又誠 至爲天主者 每每有中 不順道德者 ──無驗 此非受人之誠敬耶(나도 또한 그 말씀에 느끼어 그 영부를 받아 써서 물에 타서 마셔 본 즉 몸이 윤택해지고 병이 낫는지라, 바야흐로 선약인줄 알았더니 이

모자(母子)가 마주 앉아 수파통곡(手把痛哭) 한창 할 때, 한울님 하신 말씀,
"지각없는 인생(人生)들아, 삼신산(三神山) 불사약(不死藥)을 사람마다 볼까 보냐. 미련한 이 인생아, 네가 다시 그려내어 그릇 안에 살라 두고, 냉수 일배(冷水一盃) 떠다가서 일장탄복(一張吞服) 하여스라."

이 말씀 들은 후에 바삐 한 장 그려내어 물에 타서 먹어 보니, 무성무취(無聲無臭) 다시없고 무자미지특심(無滋味之特甚)15이라.

그럭저럭 먹은 부가 수백 장이 되었더라. 칠팔 개월을 지내보니 가는 몸이 굵어지고 검던 낯이 희어지네. 어화, 세상사람들아. 이만하면 바로 내가 신선 모습 아닐런가? 좋고도 좋을시고, 이내 신명 좋을시고. 늙지도 죽지도 않는다는 말인가. 만승천자 진 시황도 여산에 묻혀 있고,16 한 무제의 승로반17도 웃음판이 되었구나. 좋고도

것을 병에 써봄에 이른 즉 혹 낫기도 하고 낫지 않기도 하므로 그 까닭을 알 수 없어 그러한 이유를 살펴본 즉 정성 드리고 또 정성을 드리어 지극히 한울님을 위하는 사람은 매번 들어 맞고 도덕을 순종치 않는 사람은 하나도 효험이 없었으니 이것은 받는 사람의 정성과 공경이 아니겠는가)." 라고 말하고 있다.
15 계미·계사판에는, '무지미지특심'
16 진 시황(秦始皇)은 중국 최초의 강력한 중앙집권적 통일제국인 진(秦, BC 221~206) 나라를 건설한 전제군주(재위 BC 246~210). 법령의 정비, 전국적인 군현제 실시, 문자·도량형·화폐의 통일, 전국적인 도로망의 건설 등의 업적을 남겼으나, 사상의 통일을 위한 분서갱유(焚書坑儒) 및 아방궁(阿房宮)을 비롯한 대규모 토목공사에 국력을 낭비하는 등의 학정을 벌임. 특히 만년에는 불로장생의 선약을 구하는 등 어리석음을 보였으나 49세에 죽어 여산에 묻힘. 여산(驪山)은 산시성(陝西省) 린퉁현(臨潼縣)의 동남쪽에 있는 산이다. 처음 즉위할 때부터 능의 공사를 벌였는데, 천하를 통일한 후에는 전국에서 이송되어 온 죄인 70여만 명을 동원하여 완성하였다 한다.
17 중국 전한(前漢) 제7대 황제(재위 BC 141~87). 이름은 유철(劉徹). 즉위 초 동중서(董仲舒)의

안심가(安心歌)

좋을시고, 이내 신명 좋을시고. 이제는 오래오래 끝없이 산단 말가, 좋고도 좋을시고. 금을 준들 바꿀소냐, 은을 준들 바꿀소냐. 진 시황 한 무제가 무엇 없어 죽었는고? 내가 그때 있었다면 불사약을 손에 들고 마음껏 놀릴 텐데, 늦게 나니 한이로다. 좋고도 좋을시고, 이내 신명 좋을시고.

그럭저럭 먹은 부가 수백 장이 되었더라. 칠팔 삭(朔) 지내나니 가는 몸이 굵어지고 검던 낯이 희어지네. 어화, 세상사람들아. '선풍도골(仙風道骨)' 내 아닌가. 좋을시고, 좋을시고, 이내 신명 좋을시고. 불로불사(不老不死) 하단 말가. 만승천자(萬乘天子) 진 시황(秦始皇)도 여산(驪山)에 누워 있고 한 무제(漢武帝) 승로반(承露盤)도 웃음바탕 되었더라. 좋을시고, 좋을시고, 이내 신명 좋을시고. 영세무궁(永世無窮) 하단 말가. 좋을시고, 좋을시고, 금을 준들 바꿀소냐. 은을 준들 바꿀소냐. 진 시황 한 무제가 무엇 없어 죽었는고. 내가 그때 났었더면 불사약(不死藥)을 손에 들고 조롱만상(嘲弄萬狀) 하올 것을 늦게 나니 한이로다. 좋을시고, 좋을시고, 이내 신명 좋을시고.

대책을 채택함으로써 유교를 대제국의 통치이데올로기로 삼는 기틀을 마련했다. 또한 외치(外治)에 힘써, 북쪽의 흉노를 고비사막 저편으로 쫓아냈고, 서역(西域) 여러 나라들을 정벌하여 동서간 교류의 젖줄인 비단길(실크로드)을 열었다. 남방으로도 영토를 안남(베트남)에까지 미치게 했다. 그러나, 방사(方士) 이소군(李少君)의 불로장생하는 방술(方術)을 신봉하여 몸소 조왕신(竈王神, 부엌신)에 제사 지내고 방사들을 파견하여 선인(仙人)을 찾게 했다. 또한, 옥잔에다 공중의 이슬을 받아 옥가루를 타서 마시면 장생할 수 있다는 말을 믿고, 높이가 20장, 둘레가 일곱 아름 되는 구리 기둥을 세우고 그 위에 승로반(承露盤)을 얹혀놓기도 했다. 태산에서 봉선(封禪, 흙을 쌓아 단을 만들어 하늘과 산천에 제사 지내던 의식)을 거행했는데 이를 확대하여 천지의 여러 신과 명산대천에서 온갖 신령들에게 제사를 지내는 등 무고사에 심취했다.

그 모르는 세상사람, '한 장 다고 두 장 다고.' 비틀어서 하는 말이, '저리 되면 신선인가.' 칙칙한 세상사람, 저보다 잘난 사람 어찌 그리 싫어하나? 답답해도 할 길 없다. 나도 또한 한울님께 분부 받아 그린 부(符)가 짐승 같은 너희 몸에 불사약이 되겠는가? 우습고도 우습구나, 너희 음해 우습구나.

그 모르는 세상사람, '한 장 다고 두 장 다고.' 비틀비틀하는 말이, '저리 되면 신선인가.' 칙칙한 세상사람 승기자(勝己者) 싫어할 줄 어찌 그리 알았던고. 답답해도 할 길 없다. 나도 또한 한울님께 분부 받아 그린 부(符)를 금수(禽獸) 같은 너희 몸에 불사약이 미칠소냐. 가소(可笑)롭다, 가소롭다, 너희 음해(陰害) 가소롭다.

그리고 이내 몸은 죄 지은 바 전혀 없고 부끄러움 없는 줄을 너희 어찌 알겠느냐? 안타깝고 안타깝네, 너희 음해 안타깝네. 너희의 음해대로 우리가 그렇다면 곧 닥치는 괴질들을 물리칠 방법 없다. 뛰어 보고 죽고 마네.

신무소범(身無所犯) 나뿐이다, 면무참색(面無慚色) 네가 알까. 애달하다, 애달하다, 너희 음해(陰害) 애달하다. 우리야 저럴진댄 머잖은 세월에도 괴질 바랠 정(情)이 없다. 뛰고 보고 죽고 보세.[18]

---

18 계사판에는, '쒸고 보고 먹고 보세'

요약한 고 인물이 할 말이 없으므로, 서학[19]으로 몰아 붙여 온 동네에 외는 말이, '사망년[20] 저 인물이 서학으로 넘어가네.' 무지한 사람들은 그것도 말이라고, 추켜들며 하는 말이, '용담에는 명인이 나서 범도 되고 용도 되고 서학에는 용하더라.' 여기저기 다니면서 쑥덕쑥덕 하는 말을 일일이 못하겠네.

요악(妖惡)한 고 인물이 할 말이 바이없어, 서학(西學)이라 이름 하고 온 동내 외는 말이, '사망년[21] 저 인물이 서학(西學)에나 싸잡힐까.' 그 모르는 세상사람 그거로사 말이라고 추켜들고 하는 말이, '용담(龍潭)에는 명인(名人) 나서 범도 되고 용도 되고 서학(西學)에는 용터라' 고 종종걸음 치는 말을 역력히 못할러라.

거룩한 내 집 부녀, 이 글 보고 안심하소. 이른바 서학꾼들 아무리 살펴봐도 뛰어난 사람 없네. 내 어찌 이내 도를 서학이라 이름 하고 발천하려 하였던가? 초야에 묻혀 살기 나 또한 바라노라. 한울님께 받은 재주 모든 병이 낫지마는, 이내 몸이 발천돼야 한울님이 주시겠나? 주시기만 주신다면, 편작[22]이 다시 온들 나의 선약 당하겠

---

19 여기서는 '천주학(天主學)' 을 말함.
20 뜻 미상. '邪妄한(간사하고 요망한)' 의 뜻?
21 계사판에는. '소망련'
22 중국의 전국 시대. 진(晉)의 명의(名醫). 노국(盧國)에서 살았으므로, 노의(盧醫)라고도 부른다. 생존연대 미상(BC 407-311?). 명의의 대명사로 일컬어지지만, 여러 가지 전설을 합해 만

나? 만세 명인 나 하나다.

거룩한 내 집 부녀, 이 글 보고 안심하소. 소위(所謂) 서학 하는 사람 암만 봐도 명인(名人) 없데. 서학이라 이름 하고 내 몸 발천(發闡)하렸던가. 초야에 묻힌 사람 나도 또한 원(願)이로다. 한울님께 받은 재주 만병회춘(萬病回春) 되지마는, 이내 몸 발천되면 한울님이 주실런가. 주시기만 줄작시면, 편작(扁鵲)이 다시 와도 이내 선약(仙藥) 당할소냐. 만세 명인(萬世名人) 나뿐이다.

가련하고 가련하다, 우리 운수 가련하다. 지난 날 임진년[23]이 몇 해 전 일이런고, 이백사십 아닐런가. 온 세상 괴질 운수 다시개벽[24] 징조로다. 요순성세[25] 다시 오면 국태민안 되겠지만, 기험하다, 기험하다, 우리 운수 기험하다.

가련하다, 가련하다, 아국 운수 가련하다. 전세(前世) 임진(壬辰) 몇 해런고, 이백사십 아닐런가. 십이제국(十二諸國) 괴질(怪疾) 운수 다시개벽 아닐런가. 요순성세(堯舜聖世) 다시 와서 국태민안(國泰民安) 되지마는, 기험(崎險)하다, 기험하다, 아국 운수 기험하다.

든 가상인물로 보기도 한다.
23 임진왜란, 1592년 발발
24 인류 문명의 새로운 지평이 다시 새롭게 열림.
25 앞의 40쪽 참조(주 51)

안심가(安心歌)

개 같은 왜적놈아, 너희 신명 돌아보라. 너희 역시 이 땅에 와 무슨 은덕 베풀었나? 임진년 그때에도 오성 한음[26] 없었으면, 옥새 보전 뉘 했을까? 이런 명현 다시없다. 나도 또한 한울님이 옥새 보전 명하셨네. 무병지란[27] 치르고서 살아나는 인생들은 한울님께 복록 받고 수명일랑 내게 비네.

개 같은 왜적놈아, 너희 신명 돌아보라. 너희 역시 하륙(下陸)해서 무슨 은덕(恩德) 있었던고. 전세 임진 그때라도 오성(鰲城) 한음(漢陰) 없었으면 옥새보전(玉璽保全) 뉘가 할꼬. 아국 명현(名賢) 다시없다. 나도 또한 한울님께 옥새보전 봉명(奉命)하네. 무병지란(無兵之亂) 지낸 후에 살아나는 인생들은 한울님께 복록(福祿) 정(定)해 수명(壽命)을랑 내게 비네.

내 나라 이 운수가 그다지도 기험한고. 거룩한 내 집 부녀, 내 말 듣고 안심하소. 개 같은 왜적놈이 임진년에 왔다 간 후, 밥 먹을 일 못 했다고 쇠숟가락 안 쓰는 줄[28] 세상사람 누가 알까? 또다시 원수 되네. 만고 충신 김덕령[29]이 그때에도 살았다면, 이런 일이 왜 있을

---

26 오성(李恒福, 1556~1618)과 한음(李德馨, 1561~1613)은, 임진왜란 때의 명재상. 임란을 당하여, 선조 임금의 몽진(蒙塵)을 호송하고, 명 나라에 구원병을 요청하는 등, 국난의 수습과 민심의 안정을 위해 노력함.
27 병란(兵亂)이 아닌 난리. 경제·사상·환경문제 등으로 일어나는 난리
28 보통 왜(倭)의 재침 야욕을 말하는 것으로 해의한다. 그들은 임진왜란에서의 원한을 갚기 위해 쇠숟가락을 쓰지 않고 나무젓가락을 사용했다고 한다.
29 김덕령(金德齡, 1567~1596) : 임란 때 의병장. 권율의 휘하에 종군. 전설적인 무용담이 전해

꼬. 소인 참소 기험하다. 삼 개월에 마칠 것을 그리 오래 끈단 말가.[30] 나도 또한 신선으로 이런 일이 웬 일인가? 나도 또한 한울님께 명을 받은 신선인데 이런 고생 다시없다. 세상 음해 너무하네.

내 나라 무슨 운수 그다지 기험(崎險)할꼬. 거룩한 내 집 부녀, 자세 보고 안심하소. 개 같은 왜적놈이 전세 임진 왔다 가서, 술 싼 일 못했다고 쇠술로 안 먹는 줄 세상사람 뉘가 알꼬. 그 역시 원수로다. 만고충신(萬古忠臣) 김덕령(金德齡)[31]이 그때 벌써 살았으면 이런 일이 왜 있을꼬. 소인(小人) 참소(讒訴) 기험하다. 불과 삼 삭(朔) 마칠 것을 팔년지체(八年遲滯) 무삼 일고. 나도 또한 신선으로 이런 풍진(風塵) 무삼 일고. 나도 또한 한울님께 신선이라 봉명(奉命)해도 이런 고생 다시없다. 세상 음해(陰害) 다하더라.

기장하다, 기장하다, 내 집 부녀 기장하다. 내 비록 이 세상을 떠난다 하더라도 개 같은 왜적놈을 한울님께 조화 받아 한순간에 박멸하여 길이길이 전해 놓고, 대보단[32]에 맹세하고 한이 원수 갚아보

진다. 1596년 이몽학의 난이 일어났을 때, 이몽학과 내통하였다는 참소를 받고 심한 고문 끝에 정유재란(1597) 이전인 1596년 30세로 옥사. 1661년(현종 2)에 신원. 시호 충장(忠壯).
30 원문의 '팔년지체(八年遲滯)'는 '팔년병화(八年兵火)' 라는 고사에서 나온 말인 듯. '팔년병화'란 승부가 오래도록 결정되지 아니할 때 쓰는 말로, 항우(項羽)와 유방(劉邦)의 싸움이 8년 걸린 데서 유래한다. 임진왜란(칠년전쟁) = 1592~1598년.
31 계미·계사판에는, '김덕낭'
32 임진왜란 때 구원병을 보내 나라를 위기에서 구해준 명(明)의 은혜를 잊지 않겠다는 뜻으로 숙종 30년(1704), 창덕궁 금원(禁苑) 옆에 설치. 처음에는 명의 신종의 위패만 모셨지만, 1749년(영조 25)에 증수(增修)하면서 명의 태조와 마지막 임금인 의종까지 합사(合祠)하였

안심가(安心歌)

세. 거대한 한이 비각[33] 헐어내면 지푸라기, 부수면 박살나네.

기장(奇壯)하다, 기장하다, 내 집 부녀 기장하다. 내가 또한 신선 되어 비상천(飛上天) 한다 해도, 개 같은 왜적놈을 한울님께 조화(造化) 받아 일야(一夜)에 멸(滅)하고서 전지무궁(傳之無窮) 하여 놓고, 대보단(大報壇)에 맹세하고 한이(汗夷)[34] 원수(怨讐) 갚아 보세. 중수(重修)한 한이(汗夷) 비각(碑閣) 헐고 나니 초개(草芥) 같고 붓고 나니 박산(雹散)일세.

이런 걱정 모르고서 요악한 세상사람 누구에게 이 말 하노? 우리 선조 험천(險川) 땅에[35] 공덕비를 높이 세워 오래도록 전해 보세. 변치 않는 이내 절개 금석으로 세울 것을 세상사람 누가 알꼬. 안타깝다, 저 사람이 누구를 음해하노? 요악한 저 인물이 누구에게 저 말하노? 한울님이 내 몸 내서 아국 운수 보전하네.

다. 의종은 병자호란 때 구원병을 보내려 했으나 그보다 먼저 조선이 항복하였으므로 뜻을 이루지 못했기 때문이다. 또한 태조는 조선 건국을 도와준 은혜가 있었기 때문이다. 대보단은 단순히 사대사상의 발로가 아니라, 중화문명(유교)을 계승하고 있다는 자부심의 발로다. 또한 제향 때에 충신의 자손을 참여시킴으로써 국민들의 국가의식을 고취시키려는 의도도 있었다.

33 병자호란 때 조선의 인조가 청나라에 항복한 후, 청의 강요로 삼전도(三田渡)에 세운 비(1639년). 원명은 '대청황제공덕비(大清皇帝功德碑)', 공식 명칭으로는 '삼전도비'. 현재 서울의 송파구 석촌호수(서호) 언덕에 있음. 처음에는 소규모로 지었으나 청의 요구로 지금과 같은 거대한 규모가 되었다.

34 계미·계사판에는, '한(훈)의 원수(비각)' 라 하였지만, 문맥상 '한이(汗夷, 청나라 오랑캐)' 의 뜻으로 보아 이렇게 표기한다.

35 수운의 7대조 최진립(貞武公 崔震立, 1568~1636)이 순국한 곳. 현재 용인시 모현면 마희천. 정무공은 1636년 병자호란 때 공주영장(公州營將)으로서 69세의 노구에도 불구하고 군사를 이끌고 남한산성에 포위되어 있는 인조를 구하러 가다가 여기서 적의 기습을 받아 순절함.

용담유사

이런 걱정 모르고서 요악(妖惡)한 세상사람 눌로 대해 이 말 하노. 우리 선조(先祖) 험천(險川) 땅에 공덕비(功德碑)를 높이 세워 만고유전(萬古遺傳) 하여 보세. 송백(松栢) 같은 이내 절개(節槪) 금석(金石)으로 세울 줄을 세상사람 뉘가 알꼬. 애달다, 저 인물이 눌로 대해 음해(陰害)하노. 요악(妖惡)한 저 인물이 눌로 대해 저 말하노. 한울님이 내 몸 내서 아국 운수 보전하네.

그 말 저 말 듣지 말고, 거룩한 내 집 부녀. 근심 말고 안심하소. 이 가사 외워 내서 춘삼월 호시절에 태평가 불러 보세.

그 말 저 말 듣지 말고, 거룩한 내 집 부녀 근심 말고 안심하소. 이 가사 외워 내서 춘삼월(春三月) 호시절(好時節)에 태평가(太平歌) 불러 보세.

용담가(龍潭歌) 경신(庚申)

나라 이름 조선이오, 고을 이름 경주[1]로다. 성(城)의 이름 월성이오, 물의 이름 문수로다. 기자 때 왕도처럼 일천 년 지냈도다.[2] 신라 때는 동도였고, 조선에선 경주부라. 우리나라 생긴 후에 이런 왕도 또 있던가. 물 흐름도 힘차고 산 기운도 맑을시고. 금오는 남산이고 구미는 서산이라.[3] 봉황대 높은 봉은 봉황이 떠나가니 누대는 비어 있고,[4] 첨성대 높은 탑은 월성을 지켜 있네. 청옥적 황옥적[5]은 자웅으로 지켜 있어, 일천 년 신라국은 오늘까지 전해지네.

국호(國號)는 조선(朝鮮)이오 읍호(邑號)는 경주(慶州)로다. 성호(城號)는 월성(月城)

---

1 경주(慶州)는 BC 57년 박혁거세가 '서라벌(徐羅伐)'을 세운 후, 56대 경순왕에 이르러 고려에 합병되는 935년까지, 992년 동안 신라의 왕도(王都)였다. 금성(金城)·월성(月城)·낙랑(樂浪)·금오(金鰲)·문천(蚊川, 汶川) 등으로도 불리웠다. 수운 선생 당시는 경주부(慶州府).
2 '기자동래설(箕子東來說)'에 의하면, '기자조선(BC1122~BC194)'은 위만에게 망할 때까지 41대 928년 간 존속되던 나라로, 왕도는 평양. 신라의 왕도(경주) '일천 년'을 '기자 때 왕도(평양) 일천 년'과 비교한 표현.
3 경주는 산으로 둘러싸여 있다. 동쪽으로는 토함산, 명활산, 낭산, 남쪽으로는 남산, 금오산, 고위봉 등에 둘러싸였으며, 서쪽의 산악 지역에는 도덕산, 구미산, 주사산, 단석산 등이 솟아 있다.
4 원문에는 '鳳去臺空' : 당(唐) 나라 이백(李白)의 시「등 금릉봉황대(登金陵鳳凰臺)」의 일절을 인용하여 왕조의 흥망성쇠, 인생무상 등의 심회를 표현함. 鳳凰臺上鳳凰遊 鳳去臺空江自流 (봉황대 위에 봉황이 놀았는데, 봉황이 떠난 후에 누대는 비어 있고 강물만이 흐르네).
5 이는 모든 근심을 잠잠하게 한다는 전설상의, '만파식적(萬波息笛)'이 아닌가 한다. 둘이 하나가 될 때 소리를 낸다는 뜻에서 '雌雄'이라 한 듯.

이오 수명(水名)은 문수(汶水)로다. 기자(箕子) 때 왕도(王都)로서 일천 년 아닐런가. 동도(東都)는 고국(故國)이오 한양(漢陽)은 신부(新府)로다. 아 동방(我東方) 생긴 후에 이런 왕도(王都) 또 있는가. 수세(水勢)도 좋거니와 산기(山氣)도 좋을시고. 금오(金鰲)는 남산(南山)이오 구미(龜尾)는 서산(西山)이라. 봉황대(鳳凰臺) 높은 봉(峯)은 봉거대공(鳳去臺空) 하여 있고, 첨성대(瞻星臺) 높은 탑(塔)은 월성(月城)을 지켜 있고, 청옥적(靑玉笛) 황옥적(黃玉笛)은 자웅(雌雄)으로 지켜 있고, 일천 년 신라국(新羅國)은 소리를 지켜 내네.

어화, 세상사람들아. 이런 승지 구경하소. 동쪽의 삼산[6]에는 신선이 살 만하고, 하물며 구미산은 경주의 주산이니 공맹 같은 덕화가 또다시 없을소냐. 어화, 세상사람들아. 고도 강산 살펴보소. '인걸은 지령'[7]이라, 명현 달사 아니 날까? 더구나 구미산은 동도의 주산이라. 곤륜산[8] 한 줄기가 중국으로 뻗어가서, 구미산에 이르러 '소중화'[9]가 되었구나. 어화, 세상사람들아. 나도 여기 태어나니 고도 강산 지켜 내어 대대로 전하리라.

---

6 뜻 미상. 三山, 三神山?
7 본래는 '地靈은 人傑', 즉 '땅의 영기에서 뛰어난 인물이 나온다'. 3세기 당 나라 곽박(郭璞)의 풍수서 『금낭경(錦囊經)』에 처음으로 쓰인 말.
8 곤륜산(崑崙山)은 본래 실재하지 않는 중국의 전설적인 산. 그러나 여기서는 중국 서쪽 티베트 지방의 ''쿤룬산맥(崑崙山脈)' 을 뜻하는 것으로 보고자 한다. 곤륜산맥 ⇒중국 ⇒백두산(불함산)으로 이어지는 지세(地勢), 민족과 문화의 형성 및 이동 경로 등을 포괄적으로 표현한다.
9 옛날의 중국인들이 우리나라의 풍속을 예찬해서 쓰던 말.

어화, 세상사람들아. 이런 승지(勝地) 구경하소. 동읍 삼산 볼작시면 신선 없기 괴이(怪異)하다. 서읍 주산 있었으니 추로지풍(鄒魯之風) 없을소냐. 어화, 세상 사람들아. 고도(古都) 강산 구경하소. '인걸(人傑)은 지령(地靈)' 이라, 명현(名賢) 달사(達士) 아니 날까. 하물며 구미산은 동도지주산(東都之主山)일세. 곤륜산(崑崙山) 일지맥(一支脈)은 중화(中華)로 벌여 있고,[10] 아 동방(我東方) 구미산은 소중화(小中華) 생겼구나. 어화, 세상사람들아. 나도 또한 출세 후(出世後)에 고도 강산 지켜 내어 세세유전(世世遺傳) 아닐런가.

기장하다, 기장하다, 구미산기 기장하다. 거룩한 가암 최씨(佳岩崔氏)[11] 복덕산 아닐런가. 구미산 생긴 후에 우리 선조 나셨구나. 산수의 음덕인가, 위국충신[12] 기장하다.

기장(奇壯)하다, 기장하다, 구미산기(龜尾山氣) 기장하다. 거룩한 가암 최씨(佳岩崔氏) 복덕산(福德山) 아닐런가. 구미산 생긴 후에 우리 선조(先祖) 나셨구나. 산음(山蔭)인가 수음(水蔭)인가, 위국충신(爲國忠臣) 기장하다.

---

10 계미판에는 '버려 잇고', 계사판에는 '버러 잇고'. 곤륜산의 한 갈래가 '중화로 늘어져 있다' 의 뜻으로 보아, 현대 맞춤법에 맞추어 '벌여 있고' 로 바꾸어 쓴다.
11 가암 최씨(佳岩 崔氏)는 수운의 7대조인 최진립(貞武公 崔震立)을 파조(派祖)로 하는, 경주 최씨의 한 지파. 그의 부친 최신보(崔臣輔, 최고운의 17대손, 1531~1577)가 46세 때 경주 황오리에서 내남면 이조리 가암촌에 이주함으로써 형성됨.
12 7대조 최진립(貞武公 崔震立, 1568~1636). 앞의 56쪽 참조.(주 35)

가련하고 가련하다, 우리 부친 가련하다. 구미 용담 승지에서 도덕 문장 닦았는데 산수 음덕 불구하고 입신양명 못하시고, 구미산 하 정자 하나 용담이라 이름 하고 산림처사 그 이름을 후세에 전했구나.[13] 가련하고 가련하다, 이내 집안 가련하다.

가련하다, 가련하다, 우리 부친 가련하다. 구미 용담 좋은 승지 도덕 문장 닦아 내어 산음(山蔭) 수음(水蔭) 알지마는 입신양명(立身揚名) 못하시고, 구미산하(龜尾山下) 일정각(一亭閣)을 용담이라 이름 하고 산림처사(山林處士) 일포의(一布衣)로 후세(後世)에 전탄 말가. 가련하다, 가련하다, 이내 가운(家運) 가련하다.

나 역시 태어나서 부모님께 죄 지었네. 불효불효 못 면하니 원통하고 답답함만 해마다 쌓여가네. 때 못 만난 남아로서 허송세월 하였구나. 세상 만사 시달리다 어느덧 사십이라. 사십 평생 이뿐인가, 어쩔 수가 전혀 없네.

나도 또한 출세 후로 득죄부모(得罪父母) 아닐런가. 불효불효(不孝不孝) 못 면하니 적세원울(積歲怨鬱)[14] 아닐런가. 불우시지남아(不遇時之男兒)로서 허송세월(虛送歲月) 하였구나. 인간 만사 행하다가 거연(居然) 사십 되었더라. 사십 평생 이뿐인가, 무가내(無可奈)라 할 길 없다.

---

13 수운의 부친, 최옥. 앞의 44쪽 참조(주 5)
14 '積世怨鬱'로 해의하기도 한다. 이 경우는 '대대로 쌓여가는 원통하고 답답함'의 뜻.

용담가(龍潭歌)

구미 용담 찾아오니,[15] 흐르는 것은 물이요 높은 것은 산이로세. 좌우 산천 예와 같고, 초목들은 반기는 듯. 불효한 이내 마음 그 아니 슬플소냐. 까막까치 날아들어 조롱하듯 우짖는다. 소나무 잣나무는 푸르름을 지켜 내니, 불효한 이내 처지, 슬픈 마음 절로 이네. 가련하다, 이내 부친. 여경[16]인들 없을소냐.

구미 용담 찾아오니 흐르나니 물소리요 높으나니 산이로세. 좌우 산천 둘러보니 산수는 의구(依舊)하고 초목은 함정(含情)하니, 불효한 이내 마음 그 아니 슬플소냐. 오작(烏鵲)은 날아들어 조롱(嘲弄)을 하는 듯고. 송백(松栢)은 울울(鬱鬱)하여 청절(淸節)을 지켜 내니 불효한 이내 마음 비감회심(悲感悔心) 절로 난다. 가련하다, 이내 부친. 여경(餘慶)인들 없을소냐.

처자들을 타이르며 이럭저럭 지냈는데, 천은이 그지없어 경신 사월 초오일[17]에, 글로 어찌 기록하며 말로 어찌 성언할까, 만고 없는 무극대도 꿈에선 듯 받았도다. 기장하다, 기장하다, 이내 운수 기장하다.

한울님 하신 말씀,

"개벽[18] 후 오만 년에 네가 또한 첨이로다. 나도 또한 개벽 이후

---

15 1859년(기미) 10월의 일. 앞의 21쪽 참조(주 8)
16 앞의 23쪽 참조(주 17)
17 1860년 4월 5일의 일. 앞의 24쪽 참조(주 21)
18 개벽 : 앞의 46쪽 참조(주 11)

아무 보람 없었다가 너를 만나 성공하니, 나도 성공 너도 득의 너희 집안 운수로다."

처자(妻子) 불러 효유(曉諭)하고 이러그러 지내나니, 천은(天恩)이 망극(罔極)하여 경신(庚申) 사월 초오일에, 글로 어찌 기록하며 말로 어찌 성언(成言)할까, 만고 없는 무극대도(無極大道) 여몽여각(如夢如覺) 득도(得道)로다. 기장하다, 기장하다, 이내 운수 기장하다.

한울님 하신 말씀,

"개벽(開闢) 후 오만 년에 네가 또한 첨이로다. 나도 또한 개벽 이후 노이무공(勞而無功) 하다가서 너를 만나 성공하니, 나도 성공 너도 득의(得意) 너희 집안 운수로다."

이 말씀 듣고 나니 나 홀로 기쁘고도 자랑스러운 마음이네.[19] 어화, 세상사람들아. 무극지운[20] 이른 줄을 너희 어찌 알까 보냐. 기장하다, 기장하다, 이내 운수 기장하도다. 구미 산수[21] 좋은 승지 무극대도 닦아 내니 오만 년의 운수로다. 만세의 대장부로 좋을시고 좋을시고, 이내 신명 좋을시고. 구미 산수 좋은 풍경 물형으로 생겼다가 이내 운수 맞혔도다.

---

19 원문은, '心獨喜自負'. 앞의 30쪽 참조(주 34)
20 무극대도에 의해 새롭게 후천이 시작되는 운수
21 앞의 21쪽 참조(주 7)

이 말씀 들은 후에 심독희자부(心獨喜自負)로다. 어화, 세상사람들아. 무극지운 (無極之運) 닥친 줄을 너희 어찌 알까 보냐. 기장하다, 기장하다, 이내 운수 기장하다. 구미 산수 좋은 승지 무극대도 닦아 내니 오만년지운수(五萬年之運數)로다. 만세일지장부(萬世一之丈夫)로서 좋을시고, 좋을시고, 이내 신명 좋을시고, 구미 산수 좋은 풍경 물형(物刑)으로 생겼다가 이내 운수 맞혔도다.

가지마다 잎새마다 좋고도 좋은 풍경, 군자들이 즐기는 곳 바로 여기 아닐런가? 천하의 명승지로 만학천봉 기암괴석 아무리 좋다 해도 산마다 이러하며, 많고 많은 사람 중에 나만한 이 또 있을까. 좋고도 좋을시고, 이내 신명 좋을시고. 구미 산수 좋은 풍경 아무리 좋다 해도 나 없어도 이러하며, 나 아니면 이런 산수 이 나라에 또 있을까.

나도 또한 신선되어 이 세상을 뜬다 해도, 이내 선경 구미 용담 또 어찌 보겠는가. 천만 년 지내면서 잊지 말자 맹세해도, 무심한 구미 용담 평지 될까 안타깝네.

지지엽엽(枝枝葉葉) 좋은 풍경 군자낙지(君子樂地) 아닐런가. 일천지하(一天之下) 명승지(名勝地)로 만학천봉(萬壑千峯) 기암괴석(奇岩怪石) 산마다 이러하며, 억조창생(億兆蒼生) 많은 사람 사람마다 이러할까. 좋을시고, 좋을시고, 이내 신명(身命) 좋을시고. 구미 산수 좋은 풍경 아무리 좋다 해도 내 아니면 이러하며, 내 아니면 이런 산수 아 동방(我東方) 있을소냐.

나도 또한 신선이라 비상천(飛上天) 한다 해도, 이내 선경(仙境) 구미 용담 다시 보기 어렵도다. 천만 년 지내온들 아니 잊자 맹세해도, 무심한 구미 용담 평지 되기 애달하다.

몽중노소문답가(夢中老少問答歌) 신유(辛酉)

곤륜산[1] 한 줄기의 조선국 금강산이 기암괴석 좋은 경치 일만 이천 이루었네. 팔도 명산 벗어나서 천하제일 명승지라.

> 곤륜산(崑崙山) 일지맥(一支脈)의 조선국 금강산(金剛山)이 기암괴석(奇岩怪石) 좋은 경(景) 일만 이천 아닐런가. 팔도 명산(八道名山) 다 던지고 천하승지(天下勝地) 아닐런가.

삼각산 한양 도읍 사백 년 지낸 후에, 하원갑 이 세상에[2] 부부 간 자식 없어 두 늙은이 마주앉아 탄식하고 하는 말이,

"우리도 이 세상에 밝고 밝은 천지 운수 남들처럼 타고나서, 무슨 팔자 그리 험해 자식 하나 못 두었나. 우리 사후 그만두고 부모님께 큰 죄 되네. 예부터 지금까지 공덕으로 자식 빌어 후사를 이은 사

---

1 곤륜산 : 앞의 59쪽 참조(주 8)
2 조선의 태조가 한양으로 도읍을 옮긴 1394년부터 기산(起算)하면 이때는 1794년경이 된다(수운 탄생 30년 전). 시대의 변화 주기를 180년으로 보고, 이를 다시 세 묶음의 60갑자로 나누어 각기 상원갑, 중원갑, 하원갑으로 구분하는 시대구분법을 '삼원갑자(三元甲子)'라 한다. 이의 기준이 되는 해를 우리나라에서는 세종 때의 갑자년(1444)으로 잡는다. 여기에 따르면, 이 시기는 하원갑에 해당된다.

람 말로 듣고 눈으로 보니, 우리도 이 세상에 공덕이나 닦아 보세."

삼각산(三角山) 한양(漢陽) 도읍(都邑) 사백 년 지낸 후에, 하원갑(下元甲) 이 세상에 남녀 간(男女間) 자식 없어 산제(山祭) 불공(佛供) 하다가서, 두 늙은이 마주앉아 탄식하고 하는 말이,

"우리도 이 세상에 명명(明明)한 천지 운수 남과같이 타고나서, 기궁(奇窮)한 이 내 팔자 일점혈육(一點血肉) 없단 말가. 우리 사후(死後) 고사하고 득죄부모(得罪父母) 아닐런가. 아서라, 자고급금(自古及今) 공덕(功德)으로 자식 빌어 후사(後嗣)를 이은 사람 말로 듣고 눈으로 보니, 우리도 이 세상에 공덕이나 닦아 보세."

집안 재산 탕진하여, 마음을 굳게 먹고 기운을 바로하여 부처님께 시주하고, 지성으로 산제해서 절 백 번 올리면서 하늘을 우러르며 밤낮으로 비는 말이,

"정성이 지극하면 한울이 감동하니 공덕이나 닦아 보세. 그러나 지금까지 전해 오는 세상 말에, '인걸은 지령[3]이라' 승지에 살아 보세."

탕진가산(蕩盡家產) 하여 내어, 일심정기(一心正氣) 다시 먹고 팔도 불전(佛前) 시주하고, 지성(至誠)으로 산제(山祭)해서 백배(百拜) 축원(祝願) 앙천(仰天)하며 주소 간(晝宵間) 비는 말이,

---

3 앞의 59쪽 참조(주 7)

몽중노소문답가(夢中老少問答歌)

"지성감천(至誠感天) 아닐런가, 공덕이나 닦아 보세. 그러나 자고급금(自古及今) 전해 오는 세상 말이 '인걸(人傑)은 지령(地靈)'이라, 승지(勝地)에 살아 보세."

맑고도 좋은 기운 명산 아래 있도다. 팔도강산 젖혀놓고 금강산 찾아들어 좋은 터를 잘 살펴서 조그마한 초가 한 채 골짜기에 지어 놓고 보금자리 삼았구나. 그러그러 하다 보니 포태하게 되었더라.

명기(明氣)는 필유명산하(必有名山下)라, 팔도강산 다 던지고 금강산(金剛山) 찾아들어 용세좌향(龍勢坐向) 가려내어, 수간초옥(數間草屋) 일협곡(一峽谷)에 구목위소(構木爲巢) 아닐런가. 그러그러 지내나니 윤신포태(潤身胞胎) 되었더라

어느덧 열 달 되니, 하루는 온 집안에 구름 안개 피어나며 내금강 외금강이 두세 번 흔들릴 때, 홀연히 산기 있어 아들 아기 탄생하니 기남자 아닐런가. 관옥 같은 얼굴에, 두목지[4]의 풍채더라.

십 삭(朔)이 이미 되매, 일일(一日)은 집 가운데 운무(雲霧)가 자욱하며 내금강(內金剛) 외금강(外金剛)이 두세 번 진동(震動)할 때, 홀연히 산기(産氣) 있어 아들 아기 탄생하니, 기남자(奇男子) 아닐런가. 얼굴은 관옥(冠玉)이오 풍채는 두목지(杜牧之)라.

---

4 두목(杜牧, 803~853) : 이름은 두목(杜牧), 자는 목지(牧之). 호는 번천(樊川). 당 나라 말기의 시인. 준수한 용모로 수많은 여인들의 마음을 사로잡기도 하여, '취과양주 귤만거(醉過楊州 橘滿車, 취해서 수레를 타고 양주 거리를 지나면 그를 흠모하는 기생들이 귤을 던져 수레가 귤로 가득 찼다)'라는 일화가 전한다.

그러그러 지내나니 대여섯 살 되었더라. 여덟 살이 되고부터 공부를 시작해서 많고 많은 책들을 막힘없이 읽어내니, '생이지지(生而知之)'[5] 이 말인가? 열 살이 되고 보니, 총명함은 사광(師曠)[6]이요 지혜도 비범하고 재주도 뛰어나니, 평생에 하는 근심, 어지러운 이 세상에 임금답지 못한 임금, 신하답지 못한 신하, 아비답지 못한 아비, 아들답지 못한 아들[7] 밤낮으로 탄식하니, 답답한 그 마음은 흉중에 가득하되 아는 사람 전혀 없어, 처자식과 집안 살림 모두 다 버려두고, 팔도강산 다니면서 인심 풍속 살펴보니, 어찌할 길 없구나. 우습다, 세상사람. 불고천명[8] 아닐런가.

---

5 『논어』(季氏) : 孔子曰 生而知之者 上也 學而知之者 次也 困而學之 又其次也 困而不學 民斯爲下矣(태어나면서 아는 사람은 최상급이고, 배워서 알게 되는 사람이 그 아래고, 고난을 느끼어 배우는 사람은 또 그 아래이니, 고난을 느끼어도 배우지 않으면 누구나 그 아래가 되느니라.)
6 사광(師曠) : 춘추시대 진(晉) 나라의 악사(樂士). 자는 자야(字野). 예부터 총명한 인물의 대표로 인용됨. 『동경대전』(修德文)에도 '師曠之聰(사광의 총명)이라는 어구가 나온다.
7 『논어』(顏淵)의, 제(齊) 경공(景公)과 공자의 문답 가운데 이 말이 나온다. 齊 景公 問政於孔子 孔子對曰 君君 臣臣 父父 子子. 公曰善哉 信如君不君 臣不臣 父不父 子不子 雖有粟 吾得而食諸(제 나라 경공이 공자에게 정치에 관해 물어보았다. 공자가 대답하되, "임금은 임금 노릇을 하고, 신하는 신하 노릇을 하고, 아비는 아비 노릇을 하고 자식은 자식 노릇을 하는 것이다" 공이 말하기를, "좋은 말씀입니다. 정말 임금이 임금 노릇을 하지 않고, 신하가 신하 노릇을 하지 않고 아비가 아비 노릇을 하지 않고, 자식이 자식 노릇을 하지 않는다면, 곡식이 있다 한들 내 그것을 먹을 수 있겠소?" 『사기』(太史公自序)에도 이런 구절이 있다. 夫不通禮義之旨 至於君不君 臣不臣 父不父 子不子. 夫君不君則犯 臣不臣則誅 父不父則無道 子不子則不孝 此四行者 天下之大過也(대저 예의의 요지를 통달하지 못하면 임금은 임금답지 못하고 신하는 신하답지 못하며 아비는 아비답지 못하고 자식은 자식답지 못하게 된다. 임금이 임금답지 못하면 신하들이 거역하고 신하가 신하답지 못하면 임금에게 죽임을 당하며 아비가 아비답지 못하면 무도하게 되고 아들이 아들답지 못하면 불효하게 된다. 이 네 가지 행위는 천하의 큰 잘못이다.)
8 수운 선생의 현실에 대한 인식. 『동경대전』(布德文)에는 又此挽近以來 一世之人 各自爲心 不

그러그러 지내나니 오륙 세 되었더라. 팔 세에 입학해서 허다한 만권시서(萬卷詩書) 무불통지(無不通知) 하여 내니, 생이지지(生而知之) 방불(彷彿)하다. 십 세를 지내나니, 총명(聰明)은 사광(師曠)이오 지국(智局)이 비범하고 재기(才器) 과인(過人)하니, 평생에 하는 근심, 효박(淆薄)한 이 세상에 군불군(君不君) 신불신(臣不臣)과 부불부(父不父) 자부자(子不子)를 주소 간(晝宵間) 탄식하니, 울울(鬱鬱)한 그 회포는 흉중에 가득하되 아는 사람 전혀 없어, 처자(妻子) 산업(産業) 다 버리고 팔도강산 다 밟아서 인심 풍속 살펴보니, 무가내라 할 길 없네. 우습다, 세상사람. 불고천명(不顧天命) 아닐런가.

야릇한 동국참서(東國讖書)[9] 내세워서 하는 말이,

"지나간 임란 때는 '이재송송(利在松松)'[10] 하여 있고 가산 정주(嘉山定州) 서적(西賊)[11] 때는 '이재가가(利在家家)'[12] 하였더니, 어화, 세상사람들아. 이런 일을 봐서라도 살 계책을 세워보세. 진(秦) 나라 「녹

順天理 不顧天命 心常悚然 莫知所向矣(또 이 근래에 오면서 온 세상사람이 각자위심하여 천리를 순종치 아니하고 천명을 돌아보지 아니하므로 마음이 항상 두려워 어찌할 바를 알지 못하였더라)
9 조선 중기 이후 성행하였던 『정감록(鄭鑑錄)』, 남사고(南師古)의 『격암일고(格庵逸稿)』, 정북창(鄭北窓)의 「궁을가(弓乙歌)」 등의 각종 참위서(讖緯書). 직설적인 표현 대신 은어, 파자(破字) 등을 주로 사용한다.
10 利在松松 : 이로움이 松에 있다. '松' 은, 임란 때 우리를 구해 준 명 나라 장수 '李如松' 을 말한다고 한다. '活我者誰 十八加公(나를 살리는 자는 松이다)' 이라는 말에서 유래. '十八加公' 은 '松' 의 파자
11 홍경래(洪景來)의 난. 홍경래는 평안도 가산군(嘉山)에서 난을 일으켜 정주(定州)에서 패배.
12 利在家家 : 이로움이 家에 있다. '活我者誰 豕着冠(나를 살리는 자는 家다)'. 돼지[豕]가 갓[冠]을 쓴 글자는 '家. 난리 때문에 죽은 사람보다는 난을 피해 산으로 들어갔다가 추위 때문에 죽은 사람이 더 많았으므로 집에 들어 있는 것이 더 이롭다는 뜻이라 한다.

도서(錄圖書)」[13]에 '망진자(亡秦者)는 호(胡)라' 해서 만리장성 높이 쌓고 오랑캐를 막았는데, 그 아들 호해(胡亥) 때에 나라가 망하고야 '호(胡)'의 뜻을 알았다네. 우리도 이 세상에 '이재궁궁(利在弓弓)'[14] 하여 보세."

괴이(怪異)한 동국참서(東國讖書) 추켜들고 하는 말이,

"이거(已去) 임진(壬辰) 왜란(倭亂) 때는 '이재송송(利在松松)' 하여 있고 가산 정주(嘉山定州) 서적(西賊) 때는 '이재가가(利在家家)' 하였더니, 어화, 세상사람들아. 이런 일을 본받아서 생활지계(生活之計) 하여 보세. 진(秦) 나라 녹도서(錄圖書)는 '망진자(亡秦者)는 호야(胡也)' 라고 허축방호(虛築防胡) 하였다가 이세 망국(二世亡國) 하온 후에 세상사람 알았으니, 우리도 이 세상에 '이재궁궁(利在弓弓)' 하였다네."

---

13 일종의 참서. 진(秦) 나라 방사(方士) '노생(盧生)'의 작이라고도 하고, 진 시황이 녹도서의 내용을 노생으로부터 들었다고도 함. '녹도서(錄圖書)' 라고도 씀. 여기에 있는 '亡秦者胡也(진을 망하게 할 자는 호다)' 라는 말 때문에 진 시황이 胡(흉노)를 막기 위해 만리장성을 쌓았으나, 진은 흉노에 의해 망하지 않고, 그 아들 胡亥 때에 이르러 망했다. '진 시황'은 앞의 49쪽 참조(주 16)

14 利在弓弓 : 이로움이 弓弓에 있다. '活我者誰 身人穴(나를 살리는 자는 窮)' 이다. '身八穴' 은 '窮(궁)'의 파자. 弓弓은 음이 같다. 이 '弓弓'은 풍수설과 관련되어, 대체로 '山不利 水不利 利在弓弓(산 있는 곳도, 물 있는 곳도 아닌 바로 弓弓이 이로운 땅이다' 라는 「도선비결」의 글귀를 바탕으로 피난처로서의 궁을촌(弓乙村)을 의미한다고도 한다. 이래서 많은 사람들이 궁을촌(궁궁촌)을 찾았다 한다. 또는 '弓弓'을 십자가(十)로 보기도 한다. '弓' 두개를 마주보게 돌려놓으면 '亞' 가 생기게 되는 그 가운데 십자가가 들어 있다는 것이다. 따라서 서학에 입교하는 사람들도 생기게 된다. 한편 '弓弓'은 성리학에서 최고 범주인 태극(太極)의 모양을 본뜬 것이므로 최고의 원리를 터득해야 한다는 철학적 의미를 내포한다는 설명도 있다. 『동경대전』(布德文)에서는, '영부의 형상은 태극이오, 또한 궁궁의 형상이다'. 앞의 47쪽 참조 (주 12)

뇌물 먹고 벼슬 파는 조정의 세력가도 궁궁에만 마음 쓰고, 돈과 곡식 쌓아놓은 인색한 부자들도 궁궁에만 마음 쓰고, 이리저리 떠돌면서 빌어먹는 사람조차 궁궁에만 마음 쓰네. 소문에 들뜬 자도 궁궁촌 찾아찾아 깊은 산 속 들어가고, 서학에 들어가서 각자위심[15] 하는 말이, '내 옳고 네 그르지'. 옳고 그름 따지면서 어지럽게 하는 말이 때마다 그뿐일세.

매관매작(賣官賣爵) 세도자(勢道者)도 일심(一心)은 궁궁(弓弓)이오, 전곡(錢穀) 쌓인 부첨지(富僉知)도 일심은 궁궁이오, 유리걸식(流離乞食) 패가자(敗家者)도 일심은 궁궁이라. 풍편(風便)에 뜨인 자도, 혹은 궁궁촌(弓弓村) 찾아가고 혹은 만첩산중(萬疊山中) 들어가고 혹은 서학(西學)에 입도(入道)해서 각자위심(各自爲心) 하는 말이, '내 옳고 네 그르지', 시비분분(是非紛紛) 하는 말이 일일시시(日日時時) 그뿐일네.

아서시라, 아서시라. 팔도 구경 그만두고 고향에나 돌아가서 백가시서[16] 외워 보세. 내 나이 열네 살, 앞길이 만 리로다. 그러나 이 세상은 요순[17]의 정치라도 행해질 수 없으며, 공맹의 덕화로도 교화될 수 없다네.

---

15 각자 자기 욕심만을 생각함.
16 춘추 전국 시대의 여러 학파들의 글.
17 앞의 40쪽 참조(주 51)

아셔시라, 아셔시라, 팔도 구경 다 던지고 고향에나 돌아가서 백가시서(百家詩書) 외워 보세. 내 나이 십사 세라 전정(前程)이 만리(萬里)로다. 아서라, 이 세상은 요순지치(堯舜之治)라도 부족시(不足施)요 공맹지덕(孔孟之德)이라도 부족언(不足言)이라.

가슴에 맺힌 회포 모두다 쓸어내고 힘에 겨워 오다가서, 금강산 상상봉에 잠깐 앉아 쉬다가 홀연히 잠이 드니, 깃옷 입은 한 도사가 춤추면서 나타나서 타일러 하는 말이,

흉중에 품은 회포 일시에 타파(打破)하고 허위허위 오다가서, 금강산 상상봉에 잠깐 앉아 쉬오다가 홀연히 잠이 드니, 몽(夢)에 우의편선 일 도사(羽衣蹁躚 一道士)[18]가 효유(曉諭)해서 하는 말이,

"깊고 깊은 이 산중에 사람 자취 적적한데 잠자기는 무슨 일고? 수신제가[19] 아니하고 세상 구경 하단 말가. 어지러운 세상사람 상대할 것 무엇이며, 불쌍한 세상사람 '이재궁궁' 찾는 것을 비웃을 것 무엇인가? 못 만난 때 한탄 말고, 세상 구경 하여스라. '이재송송', '이재가가' 이제는 알았으되, '이재궁궁' 살 길임을 너희 어찌

---

18 이 구절은 소동파의 「후적벽부(後赤壁賦)」에 나온다. 계미·계사판에는 '우의편천일도亽'로 되어 있다. '翩躚'의 현재 독음은 '편선'이므로, '우의편선 일 도사'로 쓴다.
19 앞의 23쪽 참조(주 19)

알겠는가?

"만학천봉(萬壑千峯) 첩첩하고 인적이 적적한데 잠자기는 무삼 일고. 수신제가(修身齊家) 아니 하고 편답강산(遍踏江山) 하단 말가. 효박(淆薄)한 세상사람 갈 불 것이 무엇이며, 가련한 세상사람 '이재궁궁(利在弓弓)' 찾는 말을 웃을 것이 무엇이며, 불우시지한탄(不遇時之恨歎) 말고 세상 구경 하여스라. '송송가가(松松家家)' 알았으되 '이재궁궁(利在弓弓)' 어찌 알꼬.

새 운수가 돌아오니 근심 말고 돌아가서 시운 변화 지켜보소. 괴질에 싸인 세상 다시개벽[20] 징조로다. 태평성세 다시 와서 좋은 세월 올 것이니 탄식일랑 그만두고 차차차차 지내보세. 하원갑 지내거든 상원갑 호시절[21]에 만고 없는 무극대도 이 세상에 날 것이라. 너는 아직 젊으니까 이 세상 많은 사람 흥겹게 사는 모습 머지않아 볼 것이니, 이 세상에 무극대도 무궁히 전해지네.

천운이 둘렀으니 근심 말고 돌아가서 윤회 시운 구경하소. 십이제국(十二諸國) 괴질(怪疾) 운수 다시개벽 아닐런가. 태평성세(太平聖世) 다시 정해 국태민안(國泰民安) 할 것이니 개탄지심(慨歎之心) 두지 말고 차차차차 지내스라. 하원갑(下元甲) 지내거든 상원갑(上元甲) 호시절(好時節)에 만고 없는 무극대도 이 세상에

---

20 '다시개벽' : 앞의 53쪽 참조(주 24)
21 1860년(경신) 4월 초 5일의 일을 암시함.

날 것이니, 너는 또한 연천(年淺)해서 억조창생 많은 백성 태평곡(太平曲) 격양가(擊壤歌)를 불구(不久)에 볼 것이니, 이 세상 무극대도 전지무궁(傳之無窮) 아닐런가.

한울님 뜻 사람 마음, 너희 어찌 알겠는가? 한울님이 뜻을 두면 금수 같은 세상사람 어렴풋이 알 수 있네. 나 역시 신선이니 언제 다시 너를 볼까? 만날 인연 또 있다면 잊지 않고 찾아올까?"
깜짝 놀라 잠을 깨니 간 곳 없이 되었더라.
천의(天意) 인심(人心) 네가 알까. 한울님이 뜻을 두면 금수(禽獸) 같은 세상사람 얼풋이 알아내네. 나는 또한 신선이라 이제 보고 언제 볼꼬. 너는 또한 선분(仙分) 있어 아니 잊고 찾아올까."
잠을 놀라 살펴보니 불견기처(不見其處) 되었더라.

도수사(道修詞) 신유(辛酉)

넓고 넓은 이 세상에 정처 없이 길 떠나니,[1] 답답한 이내 회포 의지할 곳 전혀 없네. 나그네 신세 되어 객창에 몸을 뉘어 이리저리 뒤척이다 홀연히 생각하니, 나도 또한 이 세상에 천은이 그지없어 만고 없는 무극대도[2] 꿈에선 듯 받아 내어, 구미 용담[3] 좋은 풍경 안빈낙도[4] 하여 가며 불과 일 년 지낸 후에,[5] 여기저기 어진 선비 구름같이 모여드니, 즐겁고도 행복했네.[6]

광대한 이 천지에 정처 없이 발정(發程)하니 울울(鬱鬱)한 이내 회포 부칠 곳 바이없어, 청려(靑藜)를 벗을 삼아 여창(旅窓)에 몸을 비겨 전전반측(輾轉反側) 하다가서 홀연히 생각하니, 나도 또한 이 세상에 천은(天恩)이 망극하여 만고 없

---

1 1861년(신유) 11월, 관의 지목을 피해 제자 최중희(崔仲羲)를 대동하고 길을 떠남. 앞의 36쪽 참조(주 41)
2 수운 선생은 경신년 4월 5일 한울님으로부터 받은 도를 '무극대도(無極大道)' 라 이름하였다. 앞의 25쪽 참조(주 21)
3 앞의 21쪽 참조(주 7)
4 앞의 23쪽 참조(주 18)
5 『동경대전』(論學文)에는, 경신년 4월 한울님으로부터 무극대도를 받고 다음 해 6월까지 일 년여 이를 헤아려 보았다고 했다. : 吾亦幾至一歲 修而度之則 亦不無自然之理 故 一以作呪文 一以作降靈之法 一以作不忘之詞 次第道法 猶爲二十一字而已(내 또한 거의 한 해를 닦고 헤아려 본즉, 또한 자연한 이치가 없지 아니하므로 한편으로 주문을 짓고 한편으로 강령의 법을 짓고 한편은 잊지 않는 글을 지으니, 절차와 도법이 오직 이십일 자로 될 따름이니라.)
6 앞의 33쪽 참조(주 36)

는 무극대도 여몽여각(如夢如覺) 받아 내어, 구미 용담(龜尾龍潭) 좋은 풍경 안빈낙도(安貧樂道) 하다가서 불과 일 년 지낸 후에, 원처(遠處) 근처(近處) 어진 선비 풍운(風雲)같이 모아드니, 낙중우락(樂中又樂) 아닐런가.

이내 좁은 생각으로 도와 법을 가르치다 일 년도 다 못하여 갑작스런 이내 걸음 무작정 떠나자니,[7] 각처의 벗들에게 말 한 마디 못 남기고 자세한 내 사정도 알리지를 못했었네. 이내 좁은 생각으로 수천 리 타향에서 이제야 생각하고 글 한 편 만들어서 고향에 전해 주니, 어진 벗들이여, 매몰찬 이 사람을 부디부디 흉보지 말고 정성 공경 지켜 내어 차근차근 닦아 내면 무극대도 아닐런가. 때여 때여, 때가 오면 도성입덕[8] 절로 되리.

이내 좁은 소견(所見)으로 교법교도(敎法敎道) 하다가서 불과 일 년 지낸 후에, 망창(茫蒼)한 이내 걸음 불일발정(不日發程) 하자 하니, 각처(各處)의 모든 벗은 편언척자(片言隻字) 바이없고 세쇄사정(細瑣事情) 못 미치니, 양협(量狹)한 이내 소견(所見), 수천 리 밖에 앉아 이제야 깨닫고서 말을 하며 글을 지어 천 리 고향 전해 주니, 어질고 어진 벗은 매몰한 이내 사람 부디부디 갈부지[9] 말고,

---

7 앞의 36쪽 참조(주 41)
8 앞의 38쪽 참조(주 44)
9 계미·계사판에는, '갈디 말고', 경상도 사투리 '갈부다' 에서 온 말로 여기서는 어형을 살려 이렇게 쓴다. 앞의 74쪽 원문 '갈불 것이 무엇이며' 참조

성·경 이 자(誠敬二字) 지켜 내어 차차차차 닦아 내면 무극대도 아닐런가. 시호시호(時乎時乎), 그때 오면, 도성입덕(道成立德) 아닐런가.

어질다, 벗들이여. 어리석은 이내 사람 잊지 말고 생각하소. 성현들의 글을 살펴 '연원' '도통' 알지마는 스승끼리 서로 전해 잇는 것이 연원이오, 그중에서 가장 높은 신통육예[10] 제자들을 도통으로 삼았네. 공자님 어진 도덕 한 갈래라 하지마는 삼천 제자 그 가운데 신통육예 몇몇인고. 칠십이 인 도통 삼아[11] 오랜 세월 한결같이 전하고자 하였어도 일천 년은 고사하고 전자방 단간목이 난법난도[12] 하였으니 그 아니 슬플소냐. 어질다, 벗들이여. 예부터 지금까지 이런 일을 돌아보고 이치 따라 전하여라.

---

10 육예(六藝 : 禮, 樂, 射, 御, 書, 數)에 통달한 사람. 유학에서는 육예에 통달하는 것을 목표로 삼는다.
11 이 72인을 중심으로 해서 유학의 '道統'이 일관되게 전해져 왔다는 것이다. 『사기』(孔子世家)에는, '孔子以詩書禮樂敎 弟子蓋三千焉 身通六藝者七十有二人' (공자는 '시·서·예·악'으로 가르쳤는데, 제자가 약 삼천에 이르렀고, 그중 六藝에 통달한 자도 72명이나 되었다) 이라는 말이 있다.
12 전자방(田子方)과 단간목(段干木)은 모두 위(魏) 나라 건국(BC 403) 초기의 인물로서 공자의 제자인 자하(子夏, BC 507~420?)의 문하에서 공부했다. 공자(BC 551~479) 사후 약 70년 후의 사람으로 추정될 뿐 정확한 생존 연대는 미상. 당시 위(魏)의 문후(文侯)는 전자방을 스승으로 섬겼으며, 또한 단간목이 사는 동네를 지날 때는 '현자 중의 현자'의 마을을 지난다고 하면서 예를 극진히 한 후에 마차를 몰게 할 정도로 공경했다고 하는 인물이다. 『莊子』에는 전자방이 위 문후와 대화하던 중, 자신의 스승을 老莊쪽의 '東郭順子'라고 하며 그를 예찬하는 이야기가 나온다. 『孟子』에는 단간목이 문후가 만나러 왔을 때, 담을 넘어 도망가는 이야기가 있어, 소극적인 은둔사상에 젖어 있는 인물로 나오며 맹자도 이를 비판하는 입장에 있다. 수운 선생은 이를 유학의 난법난도로 본 듯하다.

어질다, 모든 벗은. 우매(愚昧)한 이내 사람 잊지 말고 생각하소. 성경현전(聖經賢傳) 살폈으니 연원(淵源) 도통(道統) 알지마는, 사장사장(師丈師丈) 서로 전해 받는 것이 연원(淵源)이오 그중에 가장 높아 신통육예(身通六藝) 도통(道統)일세. 공부자(孔夫子) 어진 도덕 일관(一貫)으로 이름 해도 삼천 제자 그 가운데 신통육예(身通六藝) 몇몇인고. 칠십이 인 도통(道統)해서 전천추(前千秋) 후천추(後千秋)에 일관으로 전차 해도, 일천 년 못 지나서 전자방(田子方) 단간목(段干木)이 난법난도(亂法亂道) 하였으니, 그 아니 슬플소냐. 어질다, 이내 벗은. 자고급금(自古及今) 본을 받아 순리순수(順理順受) 하여스라.

십 년을 공부해서 도성입덕 되게 되면 빠르다고 하지마는 무극한 이내 도는 삼 년 해도 안 된다면 헛말이 아니겠나? 마음 급한 그대들은 제 할 일은 아니 닦고 천명만 바라오니, '졸부귀불상'[13]이라. '수인사대천명'[14]은 자세히도 알지마는 어찌 그리 급급한고.

십 년을 공부해서 도성입덕(道成立德) 되게 되면 속성이라 하지마는, 무극한 이내 도는 삼년불성(三年不成) 되게 되면 그 아니 헛말인가. 급급한 제군들은 인사(人事)는 아니 닦고 천명(天命)을 바라오니, '졸부귀불상(猝富貴不祥)' 이라, 만고유전(萬古遺傳) 아닐런가. '수인사대천명(修人事待天命)' 은 자세히도 알지

---

13 앞의 43쪽 참조(주 3)
14 할 바를 다하고 나서 천명을 기다린다.

도수사(道修詞)

마는 어찌 그리 급급한고.

사람 재질 가려내면 상중하재 있겠지만, 이내 좁은 소견에는, 도량이 넓다하는 현인이나 군자조차 세상을 탄식해서 조급한 그 마음을 생각 없이 드러내고, 입도한 사람 중에 몰지각한 사람들은 남 말 듣고 입도해서 입으로만 주문 외워, 도성입덕 무엇인지 알지도 못하면서 득도한다 나대니, 아무리 이 세상이 효박하다 하더라도 같잖은 저 사람은 어찌 저리 같잖은고.

어질고 어진 벗은 자세 보고 안심하소. 위가 미덥지 못하면 아래가 의심하며 위가 공경치 못하면 아래가 거만하니 이런 일을 본다 해도 윗사람의 책임이라.

인지재질(人之才質) 가려내어 상중하재(上中下才) 있지마는, 양협(量狹)한 이내 소견, 활달한 현인군자 세상을 탄식해서 심망의촉(心忙意促) 하는 빛을 의심 없이 나타내니, 입도한 그 가운데 몰몰(沒沒)한 지각자(知覺者)는 말로 듣고 입도해서 입을 배워 주문(呪文) 일러, 도성입덕(道成立德) 무엇인지 나도 득도 너도 득도, 효박(淆薄)한 이 세상에 불사(不似)한 저 사람은 어찌 저리 불사한고.

어질다, 모든 벗은. 자세 보고 안심하소. 위가 미덥지 못하면 아래가 의심하며 위가 공경치 못하면 아래가 거만하니, 이런 일을 본다 해도 책재원수(責在元帥) 아닐런가.

이는 역시 그러해도 수신제가[15] 아니 하고 도성입덕 어찌하며, 삼강오륜 내버리고 현인군자 되겠는가? 집안이 화목함은 부인과 관계되니, 가장이 엄숙하면 이런 일이 왜 생길까? 부인 경계 아니 하고 저도 역시 멋대로니, 참으로 안타깝네. '그 남편에 그 아내'[16]라 하는 수가 없다마는, 현숙한 모든 벗은 부인 경계 잘하여서 평안하게 지내소서.

내가 역시 잘못하여 부끄럽게 된다 하면 곁에 있는 자네들도 좋은 일은 아니로다. 보고만 있지 말고 지극하게 일러주어 이내 수치 씻어 주면, 그 아니 큰 덕인가.

이는 역시 그러해도 수신제가(修身齊家) 아니 하고 도성입덕(道成立德) 무엇이며, 삼강오륜(三綱五倫) 다 버리고 현인군자 무엇이며, 가도화순(家道和順) 하는 법은 부인에게 관계하니 가장(家長)이 엄숙(嚴肅)하면 이런 빛이 왜 있으며, 부인 경계(警戒) 다 버리고 저도 역시 괴이(怪異)하니 절통(切痛)코 애달하다. '유시부(有是夫) 유시처(有是妻)' 라 하는 도리 없다마는, 현숙한 모든 벗은 차차차차 경계해서 안심안도 하여 주소.

내가 역시 수치(羞恥)하면 재방(在傍)한 자네들은 불미지사(不美之事) 아닐런가. 관기동정(觀其動靜) 하지 말고 진선진미(盡善盡美) 효유(曉諭)해서 이내 수치 씻

---

15 앞의 23쪽 참조(주 19)
16 아내가 제 남편을 닮아서 못된 짓을 하는 경우를 이르는 말.

도수사(道修詞)

어 주면 그 아니 성덕(盛德)인가.

남의 스승 되려 하면 오는 사람 막지 말고 가르치기 주로 하니 그밖에 뭐 있으며, 남의 제자 되려 하면 평생 모실 결심으로 공경히 받은 글을 털끝인들 바꿀소냐? 훌륭한 군자들은 수없이 많다 해도, 누구는 스승 되고 누구는 제자 되니, 우리 도의 큰 덕이라.

옛 성현의 제자들은 백가시서 공부해서 도의 근원 지켜 내고 공자님의 어진 도덕 더욱더 밝혀내어 오래도록 전했으니, 그 아니 기쁠소냐. 나도 역시 이 세상에 무극대도 닦아내어 오는 사람 타일러서 삼칠 자[17] 전해주니 무위이화 아닐런가.

남의 사장(師丈) 되는 법은 내자불거(來者不拒) 아닐런가. 가르치기 위주하니 그밖에 무엇이며, 남의 제자 되는 법은 백년결의(百年結義) 하온 후에 공경히 받은 문자 호말(豪末)인들 변할소냐. 출등(出等)한 제군자(諸君子)는 비비유지(比比有之) 한다 해도 작지사(作之師) 작지제(作之弟)라, 사문성덕(斯門盛德)[18] 아닐런가.

자고(自古) 성현(聖賢) 문도(門徒)들은 백가시서(百家詩書) 외워 내어 연원 도통(淵源道統) 지켜 내서 공부자(孔夫子) 어진 도덕 가장 더욱 밝혀내어 천추(千秋)에 전해 오니, 그 아니 기쁠소냐. 내 역시 이 세상에 무극대도 닦아 내어 오는 사

---

17 '至氣今至願爲大降 侍天主造化定 永世不忘萬事知'(지기금지원위대강 시천주조화정 영세불망만사지)의 21자 주문
18 '斯文'으로 쓰는 해의자도 있다. 그러나 '斯文'이라 함은 '유학의 도문'을 가리킨다.

람 효유(曉諭)해서 삼칠 자 전해 주니 무위이화(無爲而化) 아닐런가.

어리석은 세상사람. 잘난 척 하는 마음 버리기는 고사하고 저만 옳다 주장하니 이 무슨 버릇인고? 사문에 없는 법을 제 홀로 지어내니 천추에 없는 법을 어디 가서 본받으며, 입도한 지 서너 달에 어찌 그리 속성인고?

우매한 세상사람, 자존지심(自尊之心) 다 던지고 자시지벽(自是之癖) 무삼 일고. 사문(師門)에 없는 법을 혼자 앉아 지어내니 천추(千秋)에 없는 법을 어디 가서 본을 보며, 입도(入道)한 사오 삭(朔)에 어찌 그리 속성(速成)인고.

애달프다, 저 사람은. 후천의 이 운수는 누구에나 밝지마는 누구는 군자 되고 누구는 저러한가. 인의예지 그 바탕도 믿음(信)에 있다는 걸 아득한 저 소견에 그 어찌 안단 말가? 하나하나 글로 적어 본보기로 전해 주니 자세 보고 안심해서, 잘못된 행동이면 남의 이목 살펴 내어 정심수신 하온 후에 남들처럼 수도하소.

애달다, 저 사람은. 명명(明明)한 이 운수는 다 같이 밝지마는, 어떤 사람 군자 되고 어떤 사람 저러한고. 인의예지(仁義禮智) 신(信)인 줄을[19] 망창(茫蒼)한 저 소견에 무엇을 알잔 말고. 역력히 기록해서 거울같이 전해 주니 자세 보고 안

---

19 해의자에 따라, '인의예지신(仁義禮智信)인 줄을.'

심해서, 불사(不似)한 그른 거동 남의 이목(耳目) 살펴 내어 정심수신(正心修身) 하온 후에 남과같이 수도하소.

대체로 이 세상의 사람 사는 도리에는 믿음(信)이 중심일세. 대장부의 온갖 의기 믿음 없이 어디 나며, 삼강오륜 밝은 법은 예(禮) 없이 어디 나며, 대장부의 지혜 범절 염치가 바탕인데, 우습다, 저 사람은. '자포자기' [20] 모르고서 염치없이 장난하니 이는 역시 난도자요, 스승의 가르침을 제멋대로 지어내어 제 혼자서 안다 하니 이는 역시 난법자라. 난법난도 하는 사람 어찌 나를 볼 것인가.

대저 세상 인도 중(人道中)에 믿을 '신(信)' 자 주장(主掌)일세. 대장부 의기(義氣) 범절(凡節) 신(信) 없으면 어디 나며, 삼강오륜(三綱五倫) 밝은 법은 예(禮) 없으면 어디 나며, 대장부 지혜(智慧) 범절(凡節) 염치 중(廉恥中)에 있었으니, 우습다, 저 사람은. '자포자기(自暴自棄)' 모르고서 모몰염치(冒沒廉恥) 장난하니 이는 역시 난도자(亂道者)요, 사장(師丈) 못한 차제 도법(次第道法) 제 혼자 알았으니 이는 역시 난법자(亂法者)라. 난법난도(亂法亂道) 하는 사람 날 볼 낯이 무엇인고.

이처럼 아니 하면, 제 신수도 가련해지고 이내 도도 더럽히니, 밤낮으로 하는 걱정 이밖에 다시없다. 한번 먹은 마음 끝까지 지켜

---

20 앞의 40쪽 참조(주 50)

내면 누구든지 군자 되네. 내 가르침 잘 살펴서 마음을 바로하고 열심히 수도하면 춘삼월 호시절에 또다시 만나리라.

이같이 아니 말면, 제 신수(身數) 가련하고 이내 도 더럽히니, 주소 간(晝宵間) 하는 걱정 이밖에 다시없다. 작심(作心)으로 불변(不變)하면 내성군자(乃成君子) 아닐런가. 귀귀자자 살펴 내어 정심수도(正心修道) 하여 두면 춘삼월(春三月) 호시절(好時節)에 또다시 만나볼까.

권학가(勸學歌) 임술(壬戌)

길에서나 소일하는 한가한 나그네가 팔도강산 다 밟아서,[1] 전라도 은적암[2]에서 또 한 해를 보내자니, 무정한 이 세월에 할 일 없이 놀고먹네.

넓고 넓은 이 천지에 나그네 신세 되어 적세만물[3] 하여 보니, 할 일 없는 이내 회포 풀어볼 데 전혀 없어 노래 한 장 지으면서, 새해를 맞아 보세.

노류한담(路遊閑談) 무사객(無事客)이 팔도강산 다 밟아서 전라도 은적암(隱寂庵)에 환세 차(換歲次)로 소일(消日)하니, 무정한 이 세월에 놀고 보고 먹고 보세. 호호망망(浩浩茫茫) 넓은 천지 청려(靑藜)를 벗을 삼아 일신(一身)으로 비겨서서 적세만물 하여 보니, 무사(無事)한 이내 회포 부칠 곳 바이없어, 말로 하며 글을 지어 송구영신(送舊迎新) 하여 보세.

---

1 앞의 36쪽 참조(주 41). '路柳閑談' 이라고 해의하기도 하지만, 『동경대전』(和訣詩)에는 '路遊閑談' 이라는 구절이 있다.
2 남원(南原)의 교룡산성(蛟龍山城) 안의 선국사(善國寺)에 딸려 있는 암자. 수운 선생은 여기서 새해(임술)를 맞이 이듬해 7월(일설에는 3월)까지 머무르며, 「권학가」와 「논학문」, 「통유」, 「몽중노소문답가」, 「수덕문」 등을 지음.
3 적세만물 : '격치만물(格致萬物)' 의 오각(誤刻)? 앞의 28쪽 참조(주 30)

무정한 이 세월이 어찌 이리 무정한고. 어화, 세상사람들아. '인간칠십고래희(人間七十古來稀)'[4]는 전해오는 말 아닌가. 무정한 이 세월을 하나하나 헤아리니, 광음 같은 세월 속에 하루살이 저 인생의 칠십 평생 칭찬하여 '드물 희(稀)' 자 말하는가?

    무정한 이 세월이 어찌 이리 무정한고. 어화, 세상사람들아. '인간칠십고래희(人間七十古來稀)'는 만고유전(萬古遺傳) 아닐런가. 무정한 이 세월을 역력히 헤어 보니 광음(光陰) 같은 이 세상에 부유(蜉蝣) 같은 저 인생을 칠십 평생 칭찬(稱讚)하여 드물 '희(稀)' 자 전(傳)탄 말가.

어화, 세상사람들아. 온갖 고생 겪은 손이 노래 한 장 지어 보세. 지난 시절 온갖 고생 산수 만나 풀어내고 자식 생각 고향 생각 노래 지어 풀어내니, 이 글 보고 웃지 말고 거듭 읽어 생각하라.

    어화, 세상사람들아. 만고풍상(萬古風霜) 겪은 손이 노래 한 장 지어 보세. 만고풍상 겪은 일을 산수 만나 소창(逍暢)하고, 어린 자식 고향 생각 노래 지어 소창하니, 이 글 보고 웃지 말고 숙독상미(熟讀嘗味)하여스라.

많고 많은 사람 중에 어느 누가 나만 하며, 수두룩한 언문가사

---

4 당(唐)의 두보(杜甫, 712~770)의 '곡강시(曲江詩)'에 나오는 한 구절. 朝回日日典春衣 每日江頭盡醉歸 酒債尋常行處有 人生七十古來稀 (아침이면 날마다 봄옷을 잡히고 강가에 나가 실컷 취해 돌아온다. 술빚은 가는 곳마다 으레 있으나 인생 칠십은 예로부터 드물도다)

어느 노래 이만할까. 한 자 한 자 살펴 내어 하나하나 외워 내서, 춘삼월 호시절에 놀고 보고 먹고 보세.

억조창생(億兆蒼生) 많은 사람 사람마다 이러하며 허다(許多)한 언문(諺文) 가사 노래마다 이러할까. 귀귀자자 살펴 내어 역력히 외워 내서 춘삼월 호시절에 놀고 보고 먹고 보세.

강산 구경 그만 두고 인심 풍속 살펴보니, '부자유친 군신유의 부부유별 장유유서 붕우유신'[5] 있지마는, 인심 풍속 고약하다. 세상 구경 못한 인생 태어나서 처음이로다. 내 고향의 인심 풍속 효박하다 한탄해서 집안 살림 접어두고 정처 없이 길을 떠나 방방곡곡 찾아와서 매매사사 살펴보니, 만나는 남녀 사람 사람마다 낯이 설고 인심 풍속 살펴보니 매매사사 눈에 걸려, 낯선 타향 아닐런가. 이 내 좁은 소견으로 좋은 풍속 보려 하고 어진 친구 좋은 벗을 하루아침 이별했나? 산수 구경 그만두고 동지섣달 찬바람에 여기저기 돌아보다 한 번 웃고 접어 두세.

강산 구경 다 던지고 인심 풍속 살펴보니, '부자유친(父子有親) 군신유의(君臣有義) 부부유별(夫婦有別) 장유유서(長幼有序) 붕우유신(朋友有信)' 있지마는, 인심 풍속 괴이(怪異)하다. 세상 구경 못한 인생 출생(出生) 이후 첨이로다. 생장

---

5 유교에서 말하는 인간으로서의 기본 도리. '오륜(五倫)'. 앞의 19쪽 참조(주 3)

(生長)한 이내 곳에 인심 풍속 한탄해서 불고가산(不顧家産) 발정(發程)하여 방방곡곡 찾아와서 매매사사 살펴보니, 허다(許多)한 남녀 사람 사람마다 낯이 설고 인심 풍속 하는 거동 매매사사 눈에 거쳐, 타도타관(他道他關) 아닐런가. 이내 좁은 소견(所見)으로 호풍호속(好風好俗) 보려 하고 어진 친구 좋은 벗을 일조이별(一朝離別) 하단 말가. 산수풍경(山水風景) 다 던지고 동지섣달 설한풍(雪寒風)에 촌촌전진(村村轉進) 하다가서 일소일파(一笑一罷) 하여 보세.

어화, 세상사람들아. 세상 풍속 모르거든 내 곳 풍속 살펴보소. 이도 역시 시운이라 어쩔 수가 없구나. 세상 구경 아니 하면 세상 인심 이런 줄을 아니 보고 어찌 알꼬. 이 세상 온갖 일에 이제는 미련 없네.

어화, 세상사람들아. 세상 풍속 모르거든 내 곳 풍속 살펴보소. 이도 역시 시운(時運)이라 무가내라 할 길 없네. 편답강산(遍踏江山) 아니 하면 인심 풍속 이런 줄을 아니 보고 어찌 알꼬. 대저 인간 백천만사(百千萬事) 보고 나니 한(恨)이 없네.

예와 지금 살펴보니, 요순성세[6] 그때에는 이 세상 모든 사람, 사람마다 요순일세. 바퀴 돌 듯 도는 운수 누구를 원망하랴? 지금도

---

6 앞의 40쪽 참조(주 51)

이 세상에 현인군자 있겠지만, 진흙 속에 묻힌 옥석 그 누가 찾아내며, 안빈낙도[7] 하겠지만 그 누가 지도할까?

<small>자고급금(自古及今) 촌탁(忖度)하니 요순성세(堯舜聖世) 그때라도 일천지하(一天之下) 많은 사람 사람마다 요순일세. 윤회같이 둘린 운수 수원수구(誰怨誰咎) 아닐런가. 아무리 이 세상도 현인(賢人) 군자(君子) 있지마는, 진토 중(塵土中)에 묻힌 옥석(玉石) 뉘라서 분간하며 안빈낙도(安貧樂道) 하지마는 뉘라서 지도(指導)할꼬.</small>

시운을 말하자면 성한 후에 쇠하고 쇠한 후에 성하는 게 당연하지 않겠는가? 쇠운이 지극하면 성운이 오겠지만, 현숙한 모든 군자 동귀일체[8] 하였던가?

어렵도다, 어렵도다, 만나기도 어렵도다. 방방곡곡 찾아들어 만나기만 만날진댄, 흉중에 품은 생각 다른 말은 전혀 말고, 묻고 답하면서 바른 이치 밝혀내면, 이 세상 저 인물이 도탄[9] 중 아닐런가. 불쌍한 인생들아, 보국안민[10] 어찌할꼬?

---

7 앞의 23쪽 참조(주 18)
8 모든 사람이 한울님 이법(마음)으로 돌아가 하나가 된다. 앞의 27쪽 참조(주 27)
9 '몹시 곤궁하거나 고통스러운 지경'을 비유하는 말.
10 나랏일을 돕고 백성을 편안하게 함. 수운 선생은 『동경대전』이나 『용담유사』를 통해 '보국안민'의 뜻을 수차례 언급하신 바 있다. 『동경대전』(布德文) : 西洋 戰勝攻取 無事不成而 天下盡滅 亦不無脣亡之歎 輔國安民 計將安出(서양은 싸우면 이기고 치면 빼앗아 이루지 못하는 일이 없으니 천하가 다 멸망하면 또한 순망지탄이 없지 않을 것이라. 보국안민의 계책이 장차 어디서 나올 것인가).

시운(時運)을 의논(議論)해도 일성일쇠(一盛一衰) 아닐런가. 쇠운(衰運)이 지극하면 성운(盛運)이 오지마는 현숙(賢淑)한 모든 군자 동귀일체(同歸一體) 하였던가. 어렵도다, 어렵도다, 만나기도 어렵도다. 방방곡곡(方方谷谷)[11] 찾아들어 만나기만 만날진댄 흉중에 품은 회포 다른 할 말 바이없고, 수문수답(隨問隨答) 하온 후에 당당정리(堂堂正理) 밝혀내어, 일 세상 저 인물이 도탄 중(塗炭中) 아닐런가. 함지사지(陷之死地) 출생(出生)들아, 보국안민(輔國安民) 어찌꼬.

대체로 모든 생명 죽고 살고 하는 것은 한울님께 달렸다네. 때없이 불어대는 비바람을 원망해도 죽어가며 부르는 건 한울님 아닐런가? 삼황 오제 성현들도[12] 한울님 공경하고 한울님께 순종했네. 그러나 너희들은 효박한 이 세상에 불고천명[13] 하단 말가. 장평갱졸[14] 사람들도 한울님을 우러러서 조화 중에 생겼는데 은덕은 고사하고 근본조차 잊을소냐? 가련하다, 세상사람. 각자위심[15] 하단 말

---

11 '坊坊曲曲' 으로 써야 하지만, 『동경대전』(和訣詩)의 '方方谷谷行行盡 水水山山箇箇知' (방방곡곡 돌아보니 물마다 산마다 낱낱이 알겠더라)의 표기대로 이렇게 쓰고자 한다.
12 '삼황(三皇)' 은 중국 고대 전설에 나오는 세 명의 임금. 천황씨(天皇氏)·지황씨(地皇氏)·인황씨(人皇氏)로 보기도 하고 수인씨(燧人氏)·복희씨(伏羲氏)·신농씨(神農氏)로, 또는 복희씨·신농씨·황제(黃帝)로 보기도 한다. '오제(五帝)' 는 고대 중국의 다섯 성군(聖君). 『사기』에 의하면, 황제(黃帝), 전욱(顓頊), 제곡(帝嚳), 요(堯), 순(舜). 혹은 황제(黃帝) 대신 소호(少昊)를 넣기도 한다. '성현(聖賢)' 은 성인(聖人)이나 현인(賢人)들.
13 천명을 돌아보지 않는다. 앞의 69쪽 참조(주 8)
14 '억울하게 죽은 많은 사람' 의 뜻. 『사기』(趙世家)에 나오는 이야기다. 전국시대에 조(趙)와 진(秦)이 싸울 때, 조 나라 장수 조괄(趙括)이 패하매, 진의 장수 백기(白起)가 사로잡은 조 나라 군사 40만 명을 장평(長平)이란 곳에 파묻어 죽인 고사(故事).
15 각자 자기 욕심만을 생각함.

가? 한울님을 공경하며, 한울님을 따르소서. 아무리 이 세상이 효박하다 하더라도 그 근본은 잊지 마소. 임금에게 공경하면 충신 되고 열사 되네. 부모님께 공경하면 효자 되고 효부 되네. 슬프구나, 세상 사람. 자세 보고 공경하소.

대저(大抵) 인간(人間) 초목(草木) 군생(群生) 사생재천(死生在天) 아닐런가. 불시풍우(不時風雨) 원망해도 임사호천(臨死號天) 아닐런가. 삼황 오제(三皇五帝) 성현(聖賢)들도 경천순천(敬天順天) 아닐런가. 효박(淆薄)한 이 세상에 불고천명(不顧天命) 하단 말가. 장평갱졸(長平坑卒) 많은 사람, 한울님을 우러러서 조화 중(造化中)에 생겼으니 은덕(恩德)은 고사하고 근본(根本)조차 잊을소냐. 가련한 세상 사람, 각자위심(各自爲心) 하단 말가. 경천순천(敬天順天) 하여스라. 효박(淆薄)한 이 세상에 불망기본(不忘其本) 하여스라. 임금에게 공경하면 충신열사(忠臣烈士) 아닐런가. 부모님께 공경하면 효자효부(孝子孝婦) 아닐런가. 슬프다, 세상 사람. 자세 보고 공경하소.

나도 또한 태어나서 조실부모[16] 하였으니 정성 공경 못하여서 부모님께 죄를 짓고, 충신열사 자손으로 벼슬 없이 지내다가 군신

---

[16] 수운 선생은 모친 한 씨를 6세(일설에는 10세?) 때, 부친 근암공을 16세 때 여의었다. 『동경대전』(修德文)에는, "難禁歲月之如流 哀臨一日之化仙 孤我一命 年至二八 何以知之 無異童子(세월의 흘러감을 막을 길이 없어 하루아침에 신선되는 슬픔을 당하니 외로운 나의 한 목숨이 나이 겨우 열여섯에 무엇을 알았으리오. 어린 아이나 다름이 없었더라)." 라고 되어 있다.

유의 몰랐으니 임금님께 죄 지었네. 할 일 없이 지냈더니 어느덧 사십이라. 사십 평생 이뿐인가, 어쩔 수가 전혀 없네.

나도 또한 출세(出世) 후에 조실부모(早失父母) 아닐런가. 정성 공경 없었으니 득죄 부모(得罪父母) 아닐런가. 나도 또한 충렬손(忠烈孫)이 초야에 자라나서 군신유의(君臣有義) 몰랐으니 득죄군왕(得罪君王) 아닐런가. 허송세월(虛送歲月) 지내나니 거연(居然) 사십 되었더라. 사십 평생 이뿐인가, 무가내(無可奈)라 할 길 없네.

하원갑 경신년[17]에 전해 오는 세상 말이, '요망한 서양적이 중국에 쳐들어와 천주당 높이 짓고 도(道)라고 하는 것을[18] 이 세상에 편다'[19] 하니, 우습기 한이 없네. 이전에 들은 말을 곰곰이 생각하니,

---

17 앞의 66쪽 참조(주 2). 삼원갑자의 구분법에 의하면 이때 하원갑은 1744~1803년에 해당되며, 경신년은 1800년이다. 1800년대 이전부터 중국에는 이미 천주교가 들어와 신도들을 확보하고 있었다. 우리나라의 경우는 임병 양란 이후 북경을 통해 소개되다가 18세기 후반에 이르러서는 일부 남인(南人) 학자들이 신앙의 대상으로 받아들이기 시작했다. 그러나 그 신앙이 효(孝)의 상징인 제사의식을 무시하는 경향을 보임으로써 커다란 사회문제를 일으켰다. 이 문제로 1791년에 최초의 박해 사건인 신해사옥(辛亥邪獄)이 일어나고, 소위 신서파(信西派)와 공서파(攻西派)가 대립하다가 1801년(순조 1)에는 신유사옥(辛酉邪獄)이 일어나 수많은 신자가 처형되었다. 1800년에는 정약용 등이 전도단체인 경신회(庚申會)를 조직하기도 했다.
18 원문에는 '거소위 하는 도'. 뜻 미상. '그들이 소위 말하는 도' 또는 '거소위(擧所謂, 일컬어 말하는 도)' 등으로 해의하기도 함.
19 『동경대전』(布德文)에는, "至於庚申 傳聞西洋之人 以爲天主之意 不取富貴 攻取天下 立其堂 行其道 故 吾亦有其然豈其然之疑(경신년에 와서 전해 듣건대 '서양사람들은 천주의 뜻이라 하여 부귀는 취하지 않는다 하면서 천하를 쳐서 빼앗아 그 교당을 세우고 그 도를 행한다' 고 하므로 내 또한 그것이 그럴까 어찌 그것이 그럴까 하는 의심이 있었더니)"라는 구절이 있다.

어리석은 사람들이 예의 오륜 다 버리고, 남녀노소 찌꺼기들 무리 지어 극성떨며 허송세월 한단 말을 보는 듯이 듣게 되며, 밤이거나 낮이거나 아무런 이유 없이 한울님께 비는 말이, '저 높은 하늘나라 나 죽거든 가게 하소.'

하원갑(下元甲) 경신년(庚申年)에 전해 오는 세상 말이, '요망(妖妄)한 서양적(西洋賊)이 중국(中國)을 침범(侵犯)해서 천주당(天主堂) 높이 세워 거소위 하는 도(道)를 천하(天下)에 편만(遍滿)' 하니, 가소절창(可笑絶脹) 아닐런가.

증전(曾前)에 들은 말을 곰곰이 생각하니, 아 동방(我東方) 어린 사람 예의(禮義) 오륜(五倫) 다 버리고 남녀노소(男女老少) 아동주졸(兒童走卒) 성군취당(成群聚黨) 극성 중(極盛中)에 허송세월(虛送歲月) 한단 말을 보는 듯이 들어오니, 무단(無端)히 한울님께 주소 간(晝宵間) 비는 말이, '삼십삼천(三十三天) 옥경대(玉京臺)에 나 죽거든 가게 하소.'

우습구나, 저 사람은. 자기 부모 죽은 뒤에 신(神)도 없다 말하면서 제사조차 안 지내고, 오륜은 생각 않고 빨리 죽기 바란다니, 무슨 일이 그러할까? 부모에게 없는 혼령 저에게만 어찌 있어 천당에 간다하니 어리석은 소리들은 이제는 그만하라. 그 말 저 말 그만두고 한울님부터 공경하면, 이 나라 괴질 운수 어찌하여 못 면하랴? 허무한 서양 풍속 웃음밖에 안 나오고, 탄식밖에 할 수 없네.

우습다, 저 사람은. 저의 부모 죽은 후에 신(神)도 없다 이름 하고 제사(祭祀)조차 안 지내며, 오륜(五倫)에 벗어나서 유원속사(唯願速死) 무삼 일고. 부모 없는 혼령(魂靈) 혼백(魂魄) 저는 어찌 유독(唯獨) 있어, 상천(上天)하고 무엇하고 어린 소리 말아스라. 그 말 저 말 다 던지고 한울님을 공경하면, 아 동방(我東方) 삼년(三年) 괴질(怪疾) 죽을 염려 있을소냐. 허무(虛無)한 너희 풍속 듣고 나니 절창(絶脹)이오 보고 나니 개탄(慨歎)일세.

나 역시 사십 평생 생각 없이 지냈음을 이제야 이 세상에 홀연히 생각하니, 시운의 탓일런가. 만고 없는 무극대도[20] 처음으로 펴냈으니 이도 역시 시운이라.

내 역시 사십 평생 하염없이 지내나니 이제야 이 세상에 홀연히 생각하니, 시운(時運)이 둘렀던가. 만고 없는 무극대도 이 세상에 창견(創見)하니[21] 이도 역시 시운(時運)이라.

하루하루 먹는 음식 정성 공경 잃지 말고 한울님을 공경하면 전부터 있던 신병 물약자효[22] 아닐런가. 모든 식구 우환 없어 일 년 삼백육십 일을 하루처럼 지내가니 천우신조 아닐런가.

---

20 무극대도 : 앞의 24쪽 참조(주 21)
21 계사판에는 '창견ᄒᆞ니' 로 되어 있으나, 계미판에는 '창견ᄒᆞ니', '창견ᄒᆞ니' 가 불분명하다. 여기서는 문맥으로 보아 '창견' 을 따르고자 한다. '처음으로 하는 발견'의 뜻.
22 약을 쓰지 않고도 병이 낫는다.

권학가(勸學歌)

일일시시(日日時時) 먹는 음식 성·경 이 자(誠敬二字) 지켜 내어 한울님을 공경하면 자아시(自兒時) 있던 신병(身病) 물약자효(勿藥自效) 아닐런가. 가중차제(家中次第) 우환(憂患) 없어 일 년 삼백육십 일을 일조(一朝)같이 지내가니 천우신조(天佑神助) 아닐런가.

하나하나 겪어 보니 윤회 시운 분명하다. 어화, 세상사람들아. 내가 하는 경계 말씀, 자세하게 살핀 후에 잊지 말고 지켜 내어, 정성 공경 지극하게 한울님만 생각하소. 처자 불러 타이르고 평생토록 잊지 마소. 이 나라 많은 괴질 인물상해 아닐런가. 나도 또한 이 세상을 두루두루 구경타가 어진 사람 만나거든 시운 변화 이야기하고, 평생 신세 말하거든 이 글 주고 의리 맺어 서로 믿고 친구하세.

차차차차 증험(證驗)하니 윤회 시운(時運) 분명하다. 어화, 세상사람들아. 이내 경계(警戒)하는 말씀 세세명찰(細細明察) 하온 후에 잊지 말고 지켜 내어 성지우성(誠之又誠) 공경해서 한울님만 생각하소. 처자(妻子) 불러 효유(曉諭)하고 영세불망(永世不忘) 하여스라. 아 동방(我東方) 연년(年年) 괴질(怪疾) 인물상해(人物傷害) 아닐런가. 나도 또한 이 세상에 편답주류(遍踏周流) 하다가서 어진 사람 만나거든 시운시변(時運時變) 의논하고, 백 년 신세 말하거든 이 글 주고 결의(結義)해서 붕우유신(朋友有信) 하여 보세.

어리석은 말이지만 잊지 말고 생각하소. 못난 사람 말이라도 깊이깊이 생각하여 하나라도 득이 되면 그 아니 덕일런가.[23] 운수 관계하는 말을, 예나 지금 없으므로, 부족한 글로나마 이렇게나 지어내어 염치없이 전해 주니, 이 글 보고 웃지 말고 공경하고 공경하여 교훈으로 받드소서.

우매(愚昧)한 이내 말씀, 잊지 말고 생각하소. 우자천려(愚者千慮) 그 가운데 필유일득(必有一得) 되게 되면 그 아니 덕일런가. 운수 관계(關係)하는 일은, 고금(古今)에 없는고로, 졸필졸문(拙筆拙文) 지어내어 모몰염치(冒沒廉恥) 전해 주니, 이 글 보고 웃지 말고 흠재훈사(欽哉訓辭) 하여스라.

---

23 원문에 '우자천려(愚者千廬).'
출처 : 『사기』(淮陰侯 列傳). 회음후 한신(淮陰侯 韓信)이 조(趙)를 칠 때 생포한 광무군 이좌거(廣武君 李佐車)의 재주를 아껴 그를 스승으로 삼고, 이어서 연(燕)을 치고자 그 방도를 묻는다. 이좌거는 '패한 장수는 병법을 논하지 않는 법[敗軍將 兵不語]'이라며 입을 굳게 다물었지만, 한신의 끈덕진 요구에 하는 수 없이 '智者千慮 必有一失, 愚者千慮 必有一得, 故曰 狂夫之言, 聖人擇焉'(지혜로운 사람의 말도 천 번 생각하면 한 번쯤의 실수는 있는 법이고, 어리석은 사람의 말도 천 번 생각하면 반드시 한 번쯤은 맞는 법입니다. 그래서 성인은 미치광이의 말이라도 택한다)라고 말하며, 선허후실(先虛後實)의 작전을 말해 준다. 한신은 이를 받아들여 연(燕)을 쉽게 복종시킨다.

도덕가(道德歌) 임술(壬戌)

천지와 음양이 처음으로 나뉜 후에 온갖 만물 생겼는데,[1] 어리석은 것은 금수요 신령한 것은 사람이라.

천지(天地) 음양(陰陽) 시판 후(始判後)에 백천만물(百千萬物) 화(化)해 나서, 지우자(至愚者) 금수(禽獸)요 최령자 사람이라.

전해 오는 세상 말에, '천의 인심 같다'[2] 하고, 『주역』에서 하는 말은 '난측자귀신'[3]이오, 『대학』에 이른 도는 '명명기덕 하여 내어 지어지선'[4] 아닐런가. 『중용』에 이른 말은 '천명지위성이요, 솔성지위도요, 수도지위교'[5]라 하여, 성·경 이 자 밝혀 두고, 이 나라 현

---

1 주자학에서는 우주 및 인간, 도덕의 근원을 '무극(태극) → 음양 → 백천만물의 생성'으로 설명한다.
2 우리 속담에 '민심이 천심'이란 말이 있다.
3 『주역』(繫辭上)의 '陰陽不測之謂神'(음양의 변화를 헤아리기 어려운 것을 일러 신이라 한다)에서 인용.
4 『대학』(經)의 '大學之道 在明明德 在新(親)民 在止於至善(대학의 도는 명덕을 밝히는 데 있으며 백성을 새롭게 하는 데 있으며 지극한 善에 머무르는 데 있다)'에서 인용.
5 『중용』(1장)의 '天命之謂性 率性之謂道 修道之謂敎 道也者 不可須臾離也 可離 非道也(하늘이 모든 사물에 부여해 준 것을 性이라 하고, 性대로 하는 것을 道라고 하고, 道를 中道에 맞게 하나하나 조절해 놓은 것을 敎라고 한다. 道라는 것은 잠시도 떠날 수 없는 것이다. 떠날 수 있으면 도가 아니다).' 에서 인용.

인 달사 '도덕군자' 이름 하나, 무지한 세상사람, 아는 바 천지라도 경외지심 없었으니 아는 것이 무엇이며, '천상에 상제님이 옥경대에 계시다' [6]고 보는 듯이 말을 하니, 음양 이치 고사하고 헛된 말이 아닐런가.

전해 오는 세상 말이 '천의(天意) 인심(人心) 같다' 하고, 대정수(大定數) 주역괘(周易卦)에 '난측자귀신(難測者鬼神)'이오, 대학(大學)에 이른 도(道)는 '명명기덕(明明其德)하여 내어 지어지선(止於至善)' 아닐런가. 중용(中庸)에 이른 말은 '천명지위성(天命之謂性)이요, 솔성지위도(率性之謂道)요, 수도지위교(修道之謂敎)'라 하여, 성·경 이 자(誠敬二字) 밝혀 두고, 아 동방(我東方) 현인(賢人) 달사(達士) '도덕군자(道德君子)' 이름 하나, 무지(無知)한 세상사람, 아는 바 천지라도 경외지심(敬畏之心) 없었으니 아는 것이 무엇이며, '천상(天上)에 상제(上帝)님이 옥경대(玉京臺)에 계시다' 고 보는 듯이 말을 하니, 음양(陰陽) 이치(理致) 고사하고 허무지설(虛無之說) 아닐런가.

한(漢) 나라 무고사[7]가 우리나라 전해 와서 집집이 위한 것이 명색이 귀신일세. 이런 지각 어디 있나? 천지 역시 귀신이오 귀신 역시 음양인 줄 이같이 몰랐으니 경전은 살펴 무엇하며, 도와 덕을 몰

---

6 여기서는, 서학[天主學]의 신관. 『동경대전』(論學文)에는, "西人…… 道近虛無 學非天主(서양 사람은…… 도는 허무에 가깝고, 학은 한울님 위하는 것이 아니니…)" 라는 말이 있다.
7 앞의 '한 무제 승로반' 49쪽 참조(주 17)

도덕가(道德歌)

랐으니 현인군자 어찌 알리.

한(漢)나라 무고사(巫蠱事)가 아 동방(我東方) 전해 와서 집집이 위한 것이 명색(名色)마다 귀신(鬼神)일세. 이런 지각 구경하소. 천지 역시 귀신(鬼神)이오 귀신(鬼神) 역시 음양(陰陽)인 줄 이같이 몰랐으니 경전(經傳) 살펴 무엇하며, 도(道)와 덕(德)을 몰랐으니 현인(賢人) 군자(君子) 어찌 알리.

지금은 이러하나 옛 성현의 말씀에는, '대인은 여천지합기덕 여일월합기명 여귀신합기길흉' [8] 이라, 이같이 밝혀내어 오래도록 전했으니, 지각없는 사람들은 툭하면 하는 말이, '지금은 노천[9] 이라 영험도 없거니와, 몹쓸 사람 부귀하고 어진 사람 궁박하다' 하는 말이 이뿐이오, 조금 어찌 수신하면 지벌 보고 가세 보아 빌붙어서 하는 말이, '아무는 지벌도 좋거니와 문필도 넉넉하니 도덕군자 분명하다' 염치없이 떠받드니, 우습다, 저 사람은. 지벌이 무엇이게 군자를 비유하며, 문필이 무엇이게 도덕을 말하는가.

---

8 『주역』(乾爲天)의, '夫大人者 與天地合其德 與日月合其明 與四時合其序 與鬼神合其吉凶 (무릇 대인이라고 하는 자는 천지와 그 덕이 같으며, 일월과 그 밝음이 같으며, 사계절과 그 질서가 같으며, 귀신과 그 길흉의 판단이 같다)' 에서 인용.
9 '늙어서 피로한 하늘' 하늘이 노쇠해 인간에 대한 화복(禍福)이 고르지 못하다는 뜻. 『사기』의 저자 사마천은 「백이열전」에서 "혹자는 말하기를 '천도는 공평무사해서 항상 착한 사람을 돕는다[天道無親, 常與善人]' 라고 하면서, '백이·숙제와 같은 사람은 굶어서 죽었고, 공자의 70문도(七十門徒) 중에서 공자가 제일로 치는 안연(顏淵)은 항상 가난하게 지내다가 끝내 요절하고 말았다. 그러나 흉악한 도둑 도척은 천수를 다 누리고 죽었다. 요즈음에 와서도 정도(正道)를 벗어나 나쁜 일만 하면서도 대대로 부귀를 누리고, 공명정대한 일만 하면서도 재화(災禍)를 당하는 사람이 많은 것은 어찌 된 것인가?" 하고 탄식하였다.

금세(今世)는 이러하나 자고(自古) 성현(聖賢) 하신 말씀, '대인(大人)은 여천지합기덕(與天地合其德) 여일월합기명(與日月合其明) 여귀신합기길흉(與鬼神合其吉凶)' 이라, 이같이 밝혀내어 영세무궁(永世無窮) 전했으니,10 몰몰(沒沒)한 지각자(知覺者)는 옹총망총 하는 말이, '지금은 노천(老天)이라 영험(靈驗)도사 없거니와, 몹쓸 사람 부귀하고 어진 사람 궁박(窮迫)타' 고 하는 말이 이뿐이오, 약간 어찌 수신(修身)하면 지벌(地閥) 보고 가세(家勢) 보아 추세(趨勢)해서 하는 말이 '아무는 지벌도 좋거니와 문필(文筆)이 유여(裕餘)하니 도덕군자(道德君子) 분명타' 고 모몰염치(冒沒廉恥) 추존(推尊)하니, 우습다, 저 사람은. 지벌이 무엇이게 군자를 비유하며, 문필이 무엇이게 도덕을 의논(議論)하노.

아서라, 너희 모습. 보자 하니 부끄럽고 말하자니 번거롭되, 나도 또한 이 세상에 양의 사상11 기운 받아 신체발부 가지고서 겨우겨우 사십 평생 벼슬 없이 살았지만, 천리야 모를소냐. 사람의 수족동정 이는 역시 귀신이오, 선악 간의 마음 씀도 이는 역시 기운이오, 말하고 웃는 것은 이는 역시 조화로세. 그러나 한울님은 지극히 공

---

10 계사판에는, '전했으나'
11 『주역』(繫辭上) : 易有太極 是生兩儀 兩儀生四象 四象生八卦 八卦定吉凶 吉凶生大業 (易에 太極이 있다. 이것이 양의를 낳고 양의는 사상을 낳고 사상은 8괘를 낳는다. 팔괘는 길흉을 정하고, 길흉은 큰 사업을 낳게 되는 것이다). 여기서 양의는 음양을 가리키며, 이 양의가 고정불변한 것이 아니라 변화하는 원리라는 것을 나타낸 것이, 노양(老陽)·소음(少陰)·소양(少陽)·노음(老陰) 등으로 표현된 사상(四象)이다. 이 사상이 건(乾) · 태(兌) · 이(離) · 진(震) · 손(巽) · 감(坎) · 간(艮) · 곤(坤)의 팔괘(八卦)로 발전한다.

정하여 선악 분별 안 하시니, 어지러운 이 세상을 동귀일체[12] 하려 하면 어찌해야 될 것인가.

아서라, 너희 사람. 보자 하니 욕(辱)이 되고 말하자니 번거하되, 나도 또한 이 세상에 양의(兩儀) 사상(四象) 품기(稟氣)해서 신체발부(身體髮膚) 받아 내어 근보가성(僅保家聲) 사십 평생 포의한사(布衣寒士)뿐이라도 천리(天理)야 모를소냐. 사람의 수족동정(手足動靜) 이는 역시 귀신(鬼神)이오, 선악 간(善惡間) 마음 용사(用事) 이는 역시 기운(氣運)이오, 말하고 웃는 것은 이는 역시 조화(造化)로세. 그러나 한울님은 지공무사(至公無私) 하신 마음 불택선악(不擇善惡) 하시나니, 효박(淆薄)한 이 세상을 동귀일체(同歸一體) 하단 말가.

요순의 세상에도 도척[13] 같은 사람이 있었거든, 하물며 지금 세상 남의 음해 없을소냐. 공자 세상에도 환퇴[14]가 있었으니, 우리 역시 이 세상에 비방의 말 피할소냐. 수심정기[15] 하여 내어 인의예지

---

12 '모든 사람이 한울님 이법(마음)으로 돌아가 하나가 된다'. 앞의 27쪽 참조(주 27)
13 도척 : 본명이나 생존연대 미상. 흉악하기로 유명한 대도적으로 전설적인 인물인 듯하다. '盜蹠'이라고 쓰기도 한다.『莊子』(盜跖) 편에는 공자의 친구인 유하계(柳下季)의 아우로 설정되어 있어 노(魯) 나라 사람이라고도 한다. 그러나 황제(皇帝) 때 사람이라는 설도 있다.
14 환퇴 : 춘추시대 송(宋) 나라의 사마(司馬)를 지낸 인물. 성은 향(向)이나, 환공(桓公) 가문의 출신으로 환(桓)이라고도 한다. 공자가 송(宋) 나라에 이르러 길가 나무 밑에서 제자들에게 예법을 강의하고 있을 때 환퇴가 공자를 죽일 목적으로 나무의 밑둥을 베어 버렸다. 그러나 공자는 나무를 피하여 가까스로 죽음을 면했다. 제자들이 모두 놀랬으나, 쓰러졌던 공자는 일어서서 대수롭지 않게 대답한다. '하늘이 내게 덕을 부여해 주셨거늘 환퇴가 나를 어찌할 수 있겠는가(子曰 天生德於予 桓魋其予何). 출처 :『논어』(述而).
15 『동경대전』(修德文) : 仁義禮智 先聖之所敎 守心正氣 惟我之更定(인의예지는 옛 성인의 가르친 바요, 수심정기는 내가 다시 정한 것이니라.) (論學文) : 吾道無爲而化矣 守其心正其氣 率

지켜 두고 군자 말씀 본받아서 정성 공경 지켜 내어 성인 말씀 따르는데 남의 의심 왜 받으며, 세상 오륜 밝은 법은 타고난 성품으로 잃지 말자 맹세하니 그 어찌 잘못일까.

요순지세(堯舜之世)에도 도척(盜跖)이 있었거든 하물며 이 세상에 악인음해(惡人陰害) 없단 말가. 공자지세(孔子之世)에도 환퇴(桓魋)가 있었으니 우리 역시 이 세상에 악인지설(惡人之說) 피할소냐. 수심정기(守心正氣) 하여 내어 인의예지(仁義禮智) 지켜 두고 군자 말씀 본받아서 성·경 이 자(誠敬二字) 지켜 내어 선왕고례(先王古禮) 잃잖으니 그 어찌 혐의(嫌疑) 되며, 세간(世間) 오륜(五倫) 밝은 법은 인성지강(人性之綱)으로서 잃지 말자 맹세하니 그 어찌 혐의(嫌疑)될꼬.

성현의 가르침이 '이불청음성하며 목불시악색'[16]이라. 어질다, 제군들은. 이런 말씀 본받아서 아니 잊자 맹세해서 한 마음 지켜 내면 도성입덕 되려니와,

성현(聖賢)의 가르침이 '이불청음성(耳不聽淫聲)하며 목불시악색(目不視惡色)'이라. 어질다, 제군들은. 이런 말씀 본을 받아 아니 잊자 맹세해서 일심(一心)으로 지켜 내면 도성입덕(道成立德) 되려니와,

---

其性受其敎 化出於自然之中也 …(우리 도는 무위이화라. 그 마음을 지키고 그 기운을 바르게 하고 그 성품을 거느리고 그 가르침을 받으면, 자연한 가운데 화해나는 것이요)
16 이 구절은 유학의 여러 서적에 흔하게 나타난다. 『맹자』(萬章)에는, '孟子曰 伯夷 目不視惡色 耳不聽惡聲 …… (맹자가 말하기를, 백이는 눈으로는 나쁜 모습을 보지 않았고 귀로는 나쁜 소리를 듣지 않았다. ……).'

정한 마음 뒤집으면 천리를 어기는 자, 물욕에 싸잡히면 더럽고도 못난 자, 헛말로 남을 꾀면 세상을 어지럽히는 자, 속과 겉을 달리하면 한울님을 속이는 자라, 그 누가 분별하리.17

번복지심(飜覆之心) 두게 되면 이는 역시 역리자(逆理者)요, 물욕교폐(物慾交蔽) 되게 되면 이는 역시 비루자(鄙陋者)요, 헛말로 유인(誘引)하면 이는 역시 혹세자(惑世者)요, 안으로 불량(不良)하고 겉으로 꾸며내면 이는 역시 기천자(欺天者)라, 뉘라서 분간하리.

이같이 아니하면 경외지심 물론이고 경명순리18 어찌할까? 수많은 세상 악질 약 없이도 고쳐지니 무엇이 이상하고 무엇이 두렵겠나? 이 세상 살아가며 모든 욕심 제거하여 착한 사람 될 것이니 정성 공경 지켜가세.

이같이 아니 말면 경외지심(敬畏之心) 고사하고 경명순리(敬命順理) 하단 말가. 허다(許多)한 세상 악질(惡疾) 물약자효(勿藥自效) 되었으니 기이(奇異)코 두려우며, 이 세상 인심으로 물욕제거(物慾除去) 하여 내어 개과천선(改過遷善) 되었으니 성·경 이 자(誠敬二字) 못 지킬까.

---

17 천도교에서는 이를 사계명(四誡命)이라 한다.
18 '경천명 순천리(敬天命 順天理)'의 줄인 말. 천명을 공경하고 천리를 따른다.

일일이 못 본 사람 그리움도 없을소냐. 두어 귀 적었으니 들은 듯이 외워 내어 마음을 바로하고 열심히 수도하여 잊지 말고 생각하소.

일일이 못 본 사람 상사지회(相思之懷) 없을소냐. 두어 귀 언문가사 들은 듯이 외워 내어 정심수도(正心修道) 하온 후에 잊지 말고 생각하소.

흥비가(興比歌) 계해(癸亥)

『시경』에서 이르기를, '벌가벌가하니 기칙불원'[1]이라. 내 앞에 보는 것을 당연히 따르지만, 잘 되고 못 되는 건 사람이 할 일이고, 도끼 탓은 아니로다. 눈앞의 일 쉽게 알고 생각 없이 하다가 뜻대로 안 된다면 한스럽지 않겠는가. 이러므로 세상 일이 어렵게 하다 보면 오히려 쉬워지고, 쉽게 하다보면 어려워지는 줄을 깨닫고 깨달으라.

시운(詩云), '벌가벌가(伐柯伐柯)하니 기칙불원(其則不遠)'[2]이라. 내 앞에 보는 것을 어길 바 없지마는, 이는 도시(都是) 사람이오 부재어근(不在於斤)[3]이로다. 목전지사(目前之事) 쉬이 알고 심량(深諒) 없이 하다가서 말래지사(末來之事) 같

---

1 '도끼자루로 쓸 나무를 베려고 하는데, 그 법칙이 먼 데 있는 것은 아니다.' 라는 뜻. 『시경』의 「빈풍(豳風)」(伐柯)에 나오는 구절이다. 伐柯如何 匪斧不克. 取妻如何 匪媒不得. 伐柯伐柯 其則不遠. 我覯之子, 籩豆有踐(도끼자루를 베려면 어찌해야 하나? 도끼가 없으면 베지 못하네. 처를 얻으려면 어찌해야 하나? 중매가 없으면 할 수 없네. 도끼자루 만드세, 도끼자루 만드세. 그 방법이 멀리 있지 않네. 내 중매장이 덕으로 신부감을 만난다면 변두에 진수성찬 마련하여 혼례 치르지). 『중용』에는 이 말을 인용하여 다음과 같이 말하고 있다. 詩云 '伐柯伐柯 其則不遠' 緝柯以伐柯 睨而視之 猶以爲遠(시경에는, '도끼자루를 베려 하니. 그 법칙(방법)이 멀리 있는 것이 아니라네' 라고 했다. 도끼를 잡고서 도끼자루를 찍어내면서 눈을 흘겨 이를 바라보면서도 오히려 먼 곳에 있다고 생각한다).
2 계미·계시판에는, '기측불원'. 그러나 '則'의 현대어 독음은 '칙' 이르로, '기칙불원' 으로 적는다.
3 '不在於近(가까이에 있는 것은 아니다)' 이라고 보는 해의자도 있다.

잖으면 그 아니 내 한(恨)인가. 이러므로 세상 일이 난지이유이(難之而猶易)하고 이지이난(易之而難)인 줄을 깨닫고 깨달을까.

밝고 밝은 이 운수는 누구나 다 같은데, 이 사람은 이러하고 저 사람은 저러한가. 이렇게 헤아리고 저렇게 헤아려도 명(命)도 각각이요 운(運)도 역시 각각이네.

명명(明明)한 이 운수는 다 같이 밝지마는, 어떤 사람 저러하고 어떤 사람 이러한지, 이리 촌탁(忖度) 저리 촌탁 각각 명운(命運) 분명하다.

의심 많은 그 사람은 '천고청비' 그 문자를 애써서 찾아내어 제 스스로 알았다고 생각하는 것이 이뿐이라.[4] 그러므로 하는 짓이 한편으론 교활하고 한편으론 가소롭다.

'한울님은 높으시나, 세상 소리 듣는다'는 이 문자에 겁을 내서 말은 비록 안 하지만 속마음을 속여 내어, '이 운수가 어떠할지 이름이나 걸어보자' 모든 친구 꾀어내어 기쁜 듯이 대접하네. 아서라, 이 사람아. 네가 비록 속이려하나 한울님도 모르실까?

---

[4] 이 '천고청비'라는 문자의 출처를 굳이 찾는다면, 『사기』(宋微子世家)에서 찾을 수 있다. 송(宋) 나라 자위(子韋)가 경공(景公)에게 "天高聽卑. 君有君人之言三(하늘은 높으시지만 인간의 미세한 일까지 모두 살필 수 있습니다. 군주의 말씀 세 마디로 볼 때 군주의 자격을 갖추고 계십니다)."라고 말하는 부분이다.

흥비가(興比歌)

의아(疑訝) 있는 그 사람은 '천고청비(天高聽卑)' 그 문자를 궁사멱득(窮思覓得)하여 내어 제 소위(所謂) 추리(推理)라고 생각나니 이뿐이오, 그런고로 평생 소위(所爲) 일변(一邊)은 교사(狡詐)하고 일변은 가소(可笑)로다.

'한울님이 높으시나 청비(聽卑) 문자' 겁을 내서 말은 비록 아니 하나 심사(心思)를 속여 내어 이 운수가 어떠할지 탁명(托名)이나 하여 보자, 모든 친구 유인하여 흔연(欣然) 대접(待接)하는 듯다. 아서라, 저 사람은. 네가 비록 암사(暗詐)하나 한울님도 모르실까.

그중에서 어떤 이는 아무것도 모르고서, 끼니 걱정 하면서도 없는 것 구해 가며 착실히 대접하며, 마음이 통한다고 꾸며내어 하는 말이 '좋은 운수 우리 도유[5] 서로서로 사랑하고 마음도 통한다네.' 묻잖은 그 말이며 청치 않은 그 소리를 툭툭 털어 다하자니 그 모양 오죽할까.

그중에 몰각자(沒覺者)는 조석지우(朝夕之憂) 있지마는 없는 것 구해 가며 온포지공(溫飽之供) 착실하여, 소위(所謂) 통정(通情)하는 말이, '성운성덕(盛運盛德) 우리 도유(道儒) 여사애당(如斯愛黨) 하거니와 심지상통(心志相通) 아니 할까.' 묻잖은 그 말이며 청(請)찮은 그 소리를 툭툭 털어 다하자니 그 모양 오작할까.

---

5 '같은 도를 하는 선비들' 이라는 뜻. 여기서는 동학교도(東學敎徒)

교사한 저 사람은 좋은 듯이 듣고 앉아 속으로 하는 말이, '내 복인가 내 복인가 열세 자[6]가 내 복인가, 이렇게 좋은 운수 진작부터 왜 몰랐나?' 감응 받고 좋은 말은 귀 밖으로 다 버리고 좋지 않은 이야기만 달게 듣고 모아내어 흉중에 가득차면 마지못해 떠나가니, 한여름 날 저물녘에 소리하고 오는 짐승 귀에 와서 속삭이니 정분이나 있는 듯고.

교사(狡詐)한 저 사람은 좋은 듯이 듣고 앉아 중심(中心)에 하는 말이, '내 복(福)인가 내 복인가 열세 자가 내 복인가, 어찌 이리 좋은 운수 그때부터 없었는고.' 영험(靈驗) 되고 좋은 말은 귀 밖으로 다 버리고 그중에 불미지사(不美之事) 달게 듣고 모아 내어 흉중에 가득하면 마지못해 떠나가니, 삼복(三伏) 염증(炎蒸) 저문 날에 소리하고 오는 짐승 귀에 와서 하는 거동 정분(情分)도 있는 듯고.

이 세상 풍속이 음해가 주장이네. 기별하고 온다 하니 의심 없이 앉았다가 나중에는 해가 되니 왜 그런지 알 수 없네. 이 웬 일고, 이 웬 일고. 먼저 우는 그 짐승은 해칠 마음 가지고서 소리내기 뜻밖이요. 이 웬 일고, 이 웬 일고. 아무러나 살펴보자. 잠깐 사이 기다리니 그놈임이 분명하다. 지각없네, 지각없네, 세상사람 지각없네.

---

6 동학의 주문 13자. 시천주 조화정 영세불망 만사지(侍天主 造化定 永世不忘 萬事知)

흥비가(興比歌)

저 건너 배나무에 배가 어찌 떨어져서 이상하다 했었는데 까마귀 날아가서 그랬구나[7] 하면서도, 지각없네, 지각없네, 세상사람 지각없네. 한낮에도 나타나는 도둑놈이 있단 말을 자세히도 알면서도 지각없네, 지각없네, 세상사람 지각없네. 실컷 빨고 날아가니, 문장군[8]이 너로구나.

이 세상 풍속 됨이 음해(陰害)가 주장(主掌)이라. 통기(通寄)하고 오자 하니 의심 없이 앉았다가 말초(末梢)에 해(害)가 미쳐 막지기단(莫知其端) 아닐런가. 이 웬 일고, 이 웬 일고. 먼저 우는 그 짐승은 해아지심(害我之心) 두게 되면 소리하기 뜻밖이오. 이 웬 일고, 이 웬 일고. 아무려나 살펴보자. 적은듯 기다리니 그놈 자취 분명하다. 지각없다, 지각없다, 이내 사람 지각없다.

저 건너 저 배나무에 배가 어찌 떨어져서 만단의아(萬端疑訝) 둘 즈음에 까마귀 날아가서 즉시 파혹(破惑)하였더니, 지각없다, 지각없다, 이내 사람 지각없다. 백주대적(白晝大賊) 있단 말을 자세히도 들었더니, 지각없다, 지각없다, 이내 사람 지각없다. 포식양거(飽食揚去) 되었으니 문장군(蚊將軍)이 너 아니냐.

어질고 밝은 사람 그중에 있거든 내 말 잠깐 들어보소. '합기

---

7 본래는 '오비이락(烏飛梨落, 까마귀 날자 배 떨어진다)'이라고 해서, 우연한 일치로 남의 의심을 받게 됨을 이르는 말이지만, 여기서는 '원인이 없이는 결과도 없다'는 비유로 쓰였다.
8 '왱' 하는 소리를 내면서 피를 빨고 도망가는 '모기[蚊]'를 의인화(擬人化)한 표현. 동학에 입도하여 교단을 어지럽히는 무리들을 비유한 표현.

덕',9 '무위이화'10 모두 다 알았으니, 예부터 지금까지 스승과 스승 통해 이어져 온 도라 해도, 그 도의 연원은 나로부터 시작하네. 일일이 교훈하여 '비(比)'다 '흥(興)'이다 11 하였으니 예사롭게 보지 말고 거듭 읽고 생각하라.

그중에 현인(賢人) 달사(達士) 내 말 잠깐 들어 보소. 합기덕(合其德) 알았으니 무위이화(無爲而化) 알지마는, 그러나 자고급금(自古及今) 사사상수(師師相授) 한다 해도 자재연원(自在淵源) 아닐런가. 일일이 거울해서 비야(比也) 흥야(興也) 하였으니 범연간과(泛然看過) 하지 말고 숙독상미(熟讀嘗味) 하여스라.

칠팔 세에 글을 배워, 좋은 글귀 찾아내어 글 짓는 공부하여, 과거 보아 급제하여 입신양명 할 마음은 사람마다 있지마는, 깊고 깊

---

9 '합기덕(合其德)'은 본래 『주역』(乾爲天)의, '夫大人者 與天地合其德 與日月合其明 與四時合其序 與鬼神合其吉凶 (무릇 대인이라고 하는 자는 천지와 그 덕이 같으며, 일월과 그 밝음이 같으며, 사계절과 그 질서가 같으며, 귀신과 그 길흉의 판단이 같다)에 나오는 말이다. 『동경대전』(論學文)에는, "君子之德 氣有正而心有定 故 與天地合其德 小人之德 氣不正而心有移 故 與天地違其命 此非盛衰之理耶(군자의 덕은 기운이 바르고 마음이 정해져 있으므로 천지와 더불어 그 덕에 합하고 소인의 덕은 기운이 바르지 못하고 마음이 옮기므로 천지와 더불어 그 명에 어기나니, 이것이 성쇠의 이치가 아니겠는가." 이라는 말이 있다.
10 『동경대전』(論學文)에는, "吾道無爲而化矣 守其心正其氣 率其性受其敎 化出於自然之中也 (우리 도는 무위이화라. 그 마음을 지키고 그 기운을 바르게 하고 한울님 성품을 거느리고 한울님의 가르침을 받으면, 자연한 가운데 화해나는 것이요)"라고 하여, 동학의 도는 '무위이화'라 했다.
11 이 가사의 제목인 「흥비가」는 「시경」의 문체인 '흥(興)'과 '비(比)'를 사용하여 쓴 글이라는 뜻. '興'은 다른 사물을 사용하여 분위기를 일으킨 후에 말하려고 하는 본뜻을 나타내는 방법이고, '比'는 나타내고자 하는 내용을 다른 사물에 비유하여 표현하는 방법이다. 이밖에 사물이나 그에 대한 감상을 비유를 쓰지 아니하고 직접 서술하는 방법인 '부(賦)'가 있다.

은 웅덩이에 힘써서 지은 글을 넣고 나니 허무하다. 천운만 바라다가 많고 많은 사람 중에 몇몇만이 끼어들어 장악원[12] 대풍류로 과거 급제 잔치하니[13] 그 모습이 부럽구나. 이 일 저 일 볼작시면 허무하기 다시없어 그만두자 맹세해도 내 운수 혹시 몰라 바삐바삐 다니다가 이내 마음 단념하면 그도 또한 운수런가.

> 칠팔 세 글을 배워 심장적구(尋章摘句) 하여 내어 청운교 낙수교에 입신양명(立身揚名) 할 마음은 사람마다 있지마는, 깊고 깊은 저 웅덩이에 진심갈력(盡心竭力) 지은 글을 넣고 나니 허무(虛無)하다. 천수(天授)[14] 만 바라다가 많고 많은 그 사람에 몇몇이 참예(參預)해서 장악원(掌樂院) 대풍류로 삼일유가(三日遊街) 기장(奇壯)하다. 이 일 저 일 볼작시면 허무하기 다시없어, 아니 가자 맹세해도 내 운수 내가 몰라 종종이 다니다가, 이내 마음 마칠진댄 그 아니 운수런가.

먼 곳에 일이 있어 가게 되면 이(利)가 되고 아니 가면 해(害)가 되어 무작정 떠났다가 도중에서 생각하니, 길은 점점 멀어지고 집은 종종 생각나서, 이런저런 많은 의심 떨치지를 못하고서 이리저리 배회하며 길 위에서 생각하니, 틀림없이 알게 되면 이 걸음을 가련

---

12 조선 시대에, 음악에 관한 일을 맡아보던 관아.
13 과거에 급제한 사람이 사흘 동안 풍악을 울리며 시험관, 선배 급제자, 친척 등을 방문하던 일로 이를 삼일유가(三日遊街)라 한다.
14 또는, '遷授', '天數'로 해의하기도 한다.

마는, 어떻게 하는 것이 나에게 이로울까? 결국 발길 돌렸으니 저 사람 못났구나. 글 네 자로 밝혀내어[15] 역사에 드러내네.

원처(遠處)에 일이 있어 가게 되면 내가 이(利)코 아니 가면 해(害)가 되어 불일발정(不日發程) 하다가서 중로(中路)에 생각하니, 길은 점점(漸漸) 멀어지고 집은 종종 생각나서 금(禁)치 못한 만단의아(萬端疑訝). 배회(徘徊) 노상(路上) 생각하니, 정녕(丁寧)히 알작시면 이 걸음을 가지마는, 어떨런고 어떨런고. 도로 회정(回程)하였더니 저 사람 용렬(庸劣)하고. 글 네 자 밝혀내어 만고사적(萬古事蹟) 소연(昭然)하다.

아홉 길 산 쌓을 때 그 마음 오죽할까. 처음에 먹은 마음 행여나 그르칠까 마음을 굳게 먹고, 대 여섯 길 쌓을 때는 보고 나니 재미있고, 하고 나니 성공이라. 어서 하자 바삐 하자, 그러그러 다해갈 때, 이번이나 저번이나 차차차차 풀린 마음, 조급해서 자주 보고 싫증 나서 그만두니, 다른 날 다시 보니 한 소쿠리[16] 더했으면 틀림없이 이룰 공을 어찌 이리 불급한고. 이런 일을 본다 해도 운수는 길어지

---

15 '글 네 자'가 무엇을 가리키는지 확실히 밝힐 수 없다. 해의자에 따라, '중도이폐(中途而弊, 일을 중도에서 그만둠)', '수심정기(守心正氣, 마음을 지키고 기운을 바르게 한다)', '당당정리(堂堂正理, 당당한 바른 이치)', '공휴일궤(功虧一簣, 모든 공이 한 소쿠리로 허물어진다)' 등으로 보고 있다.
16 이 비유는 「서경」(周書)에도 나온다. '不矜細行 終累大德 爲山九仞 功虧一簣(세세한 행동을 삼가지 않으면 마침내는 큰 덕에 누를 끼치게 될 것이니, 아홉 길 높은 산을 쌓는 데 있어서 그 공은 한 삼태기의 흙이 모자라면 이루지 못하게 된다).'

흥비가(興比歌)

고 조급중은 순간이니 생각하고 생각하소.

아홉 길 조산(造山)할 때 그 마음 오작할까. 당초(當初)에 먹은 생각 과불급(過不及)될까 해서 먹고 먹고 다시 먹고, 오인육인(五仞六仞) 모을 때는 보고 나니 자미 되고 하고 나니 성공이라. 어서 하자 바삐 하자, 그러그러 다해 갈 때, 이번이나 저번이나 차차차차 풀린 마음, 조조(躁躁)해서 자주 보고 지질해서 그쳤더니 다른 날 다시 보니 한 소쿠리 더했으면 여한(餘恨) 없이 이룰 공(功)을 어찌 이리 불급(不及)한고. 이런 일을 본다 해도 운수는 길어지고 조가튼[17] 잠시로다. 생각고 생각하소.

아름드리 좋은 나무 두어 자 썩었어도 훌륭한 목수는 버리지를 않지마는 그 말이 민망하다. 장인이 못 보고서 지나치면 어찌하리.
연포(連抱)한 좋은 나무 두어 자 썩었은들 양공(良工)은 불기(不棄)라도 그 말이 민망(憫憫)하다. 장인(匠人)이 불급(不及)하여 아니 보면 어찌하리.

이런 저런 이야기를 모두 다 하자 하니 말도 글도 끝이 없어 약간 약간 기록한 게 이러이러한 것이라. 이 글 보고 저 글 보고 무궁한 한울 이치 불연기연[18] 살펴 내어 부(賦)와 흥(興)을 비해 보면, 글

---

17 '조가튼' 의 뜻 미상. 대체로, '조급함, 조급한 마음' 등으로 보고 있다. '조갖' 을 '조갈(燥渴) : 목이 마름)은' 의 오각으로 보려는 분도 있다.
18 '그러한 것과 그렇지 아니한 것' 『동경대전』(不然其然)에는, "難必者 不然 易斷者 其然(기필

도 역시 무궁하고 말도 역시 무궁이라. 무궁히 살펴 내어 무궁히 알았으면 무궁한 이 울 속에 무궁한 내 아닌가.

그 말 저 말 다하자니 말도 많고 글도 많아 약간 약간 기록(記錄)하니 여차여차 우여차(如此如此又如此)라. 이 글 보고 저 글 보고 무궁(無窮)한 그 이치(理致)를 불연기연(不然其然) 살펴 내어 부야(賦也) 흥야(興也) 비(比)해 보면 글도 역시 무궁(無窮)하고 말도 역시 무궁이라. 무궁히 살펴 내어 무궁히 알았으면 무궁한 이 울 속에 무궁한 내 아닌가.

키 어려운 것은 불연이요 판단하기 쉬운 것은 기연이라)." 이라는 말이 있다.

⑤
인물흘뎌도○보고누ᄂ즁ᆞ미되고흥고
누니셩공이라○어셔흐ᆞᆺ밧비흐ᆞᆫ조그
러그러다희갈ᄯᅦ○이번이ᄂ쳐번이ᄂ
ᄎᄎᄎᄎ풀닌마음○조조희셔즈조보
ᄂ흐ᆞᆫ조심디더희ᄯᅦ노다ᄅᆞᆫ놀다시보
고기질희쳐고취ᄯᅦ노여ᄒᆞᆫ업시이울
풍을엇지이리불굽흘고○이런일을보
다희동운수ᄂ가러지고○조가튼잠시
로다셩각고성각ᄒᆞ소○연포흐ᆞᆫ조흐ᆞᆫ날

⑥
기두어즈셕어신들○3풍은불기라도
그말이민망ᄒᆞ다○잘인일불굽ᄒᆞ야아
니보ᄯᅥᆫ엇지ᄒᆞ리○그말ᄯᅥ말타ᄒᆞ주니
말도만코글도만아○야간야간과로ᄒᆞᆯ
ᄂ여추여추여ᄎ라○이글보고져글
보고무궁ᄒᆞ그니치들○불면기연살퍼
니야부야흥야비희보면○글도역시무
궁흐ᆞ고말도역시무궁이라○무궁흐ᆞ이살
펴닉야무궁이아라쓰면○무궁흐ᆞ이울

⑦
ᄉᆞ의무궁흐ᆞᆫ나아닌가

⑧
용담유사 동

癸未仲秋
北接新刊

①
일고아모리노산더보조○젹은듯기다
리니그놈주쵝분명호다○지각업다지
자업다이니사람지각업다○쳐군너쳐
빈남게비가엿지떠러져서○만단의아
둘즈음의가마귀노라가셔○즉시파혹
호엿더니지각업다지각업다○이니스
람지각업다격쥬더젹잇단말을○쥬셰
이도러셔니지각업다지각업다○이
니스룸지각업다포식양거도야쓰니○

②
문장군이너아니냐그즁의현인달소
니말잠간드러보쇼함기덕아라쓰니
무위이화아지마는그러노조고급금
소소상수호다히도조젼원안일년?
○얼일이거울희셔비양호야호엿스니
○범연간과호지말고슉독셩미호엿
랑쥘팔셰글을비와심장져구호니
야쳥운교낙수교의입시○뗘흐를마음
음○사람마다잇저마는   김후졍?

③
덩의○진심갈력지은글을여코는니허
무호다오련수만바리다가만코만은그
사람의○멋멋치참예히셔당양원탐풍
뉴로○삼일유과거장호다이일젹일볼
작시면○허무호기다시업셔아니가즈
밍씨희도○너운쥬니가몰노종송이단
이다가○이니마음마칠건된그아나운
수련가○원쳐의일이잇셔가게드면니
가니코○아니가면희가되야불일발졍

④
히다가셔○즁노의셩각호니길은졈졈
머러지고○집은죵죵셩각호니셔금치못
훈만단의아○비회노샹셩각호니졍병
이알작시면○이거름을가지마는엇덜
넌고엇덜번고○도로회졍호엿더니쳐
사람용녈둥묘○글네쥬발켜니야만마
수젹소연호다○아홉걸산훌떡그마
음오작호릴가○당초의먹운셩각과불급
될가희셔○먹고먹고다시먹고오인뉴

⑤
너지ᄉ갓ᄌᄂ편그아니넌ᄂ인ᄌ○○
러므로세상일이는지이유이ᄒ고○이
지이느인뉸을셔닷고셔다를가○명
흔이운수는다가치발지마는○엇던
촌락처리촌락각각명운분명ᄒ다○의
람처러ᄒ고엇던소람이러ᄒ는지○이리
궁ᄉ떡득ᄒ여늬야ᄭᅦ소위추리라고
성각ᄂ늬이쓴이오그런고로평심소위

⑥
○일변은피셩ᄒ고일변은가쇠록다
ᄒ늘님이노무시ᄂ쳥비문ᄌ졈을녁셔
○말은비록아니ᄒ나심수를소겨닉야
○며운수가엇더ᄒᄂ지탁명이ᄂᄒ여보
ᄌ○모든친구유인ᄂ야훈연티졈뷸ᄂ
듯다○아셔라젹소람은녜가비록암수
ᄒᄂ훈늘님도모르실가그듕의몰각
ᄌᄂ○조셕지우잇다마ᄂ업ᄂ것구히
가며○온포지공착실ᄒ야 노위통졍ᄒ

⑦
ᄂ말이○셩운셩덕우리도유면수의당
ᄒ거니와○심지샹통아니ᄒᆯ가뭇ᄌᄂ
그말이며○쳥찬은그소리을툭툭터러
다호ᄌ니그모양오작ᄒᆯ소듯고안훈져
소람은○조훈다시듯고안ᄌ듕심의ᄒ
ᄂ말이○늬복인가늬복인가조훈운수
늬복인강엇지이리조훈말운귀밧
텀업셔넌고령험되고조훈말운귀밧
그로다바리고○그듕의불미지ᄉ말게

⑧
듯고모아니야○흥듕의가득ᄒ면마지
못ᄒ여ᄂ가늬야○삼복염ᄌ졈문날의소
리ᄒ고오는짐셩○귀예와셔ᄒᄂ거동
졍분도잇ᄂ듯고○이셰상풍속되미음
히가두쟝이라○통괴ᄒ고오ᄌᄒ늬의
심엄시안ᄌᄉ가○말초의희가미쳐막
지기단안일넌가○이왼일고이왼일
먼켜우는그짐셩은○희아지십두게
면소리ᄒ기듯밧기오○이왼일고이왼

②

지디겨우고○군ᄌ말슴본바다셔셩경
이엇지겨늑야○젼왕고례일츠ᄂᆞ그
엇지험의되더○셰간오륜반뎐법음인
셩지강이로셔○일쳐마ᄌ먹셰ᄒᆞ내그
엇지험의몰쇼○셩현의가라치미불
킹음졍흥뎌○목불시안식이라뎌지다
졔군들은○이런만슴부들바드니면도
죠밍셰히셔○일실음로긔겨니면도
이엽덕되려나와○이번복디문두거드면이

①

악간마음용슈○이ᄂᆞ역시귀앙의오발
흐곳슷ᄂᆞ거슨이ᄂᆞ역시됴화로그
러ᄂᆞᄒᆞᄂᆞᆯ님은○지공무ᄉᆞᄒᆞ신마음볼
틱션악ᄒᆞ신ᄂᆞ○효박ᄒᆞᆫ이셰상올봉
귀일테ᄒᆞᆫ말가요슌지셰의도도쳑
이엿셔거든○홀물며이셰상의악인음
ᄒᆡ업단말○공ᄌ지셰의악ᄒᆞᆫ지셜
셔ᄉᆞᄂᆞ○우리역시이셰상의○환귀갓
피홀로냐○수심졍고ᄒᆞ여ᄂᆞ야인의레

④

흥ᄇᆡ가 졔회

셩경이엇못지쳠가 일일이못본 사람
상수지회업숼소냐○두어귀언뮤가사
드른다시외ᄒᆞ니야○졍심수도ᄒᆞ온후
의잇다말고셩각ᄒᆞ요
신윤법가범가ᄒᆞ니기쵹불원이라니
압헤보ᄂᆞᆫ거슬어걸비업지마ᄂᆞ○이ᄂᆞ
도시소람이오부지엄이로다○목젼
지소수이알고십ᄒᆞᄂᆞ로다가셔○말

③

ᄂᆞᆫ역시역니조오○물욕긔폐되거드면
이ᄂᆞ역시비류조오○헷맘노유인흥면
이ᄂᆞ역시후셰조오○안음도불냥ᄒᆞ고
것ᄎᆞ로슈며넉면○이분역시귀던즈라
뉴라셔분잔흐리○이가쳐아니말면
외지심묘수ᄒᆞ고○졍명슌리ᄒᆞᆫ단말가
허다ᄒᆞᆫ씨상악ᄒᆞ집○물약조효도냐쏘
그이고두러요뎌○이씨상인심으로물
욕지거흐여ᄂᆞ야○리고쳔션도얏스니

⑤
히오는세샹말이뎐의인심갓다ᄒᆞ고
딕졍수두뎍괘의는측ᄌᆡ귀신이오ᄐᆡ
학의이른도는명명기덕ᄒᆞ여닉야○디
어지션안일넌ᄌᆞᆼ용의이른말읍은던
명지위셩이오솔셩지위도오○수도디
위교라ᄒᆞ야셩경이엇발거두고○아동
방현인달소도덕군ᄌᆞ이름ᄒᆞ는○무지
심업셔스니아는거시무어시명텬샹

⑥
의샹케님이옥경덕계시다고○보는다
시말을듣ᄒᆞ니음양리치고ᄉᆞᄒᆞ고○허무
지셜안일넌가ᄒᆞ는라무교ᄉᆞ가○아동
방젼ᄒᆞ와셔집집이위ᄒᆞ거시○명셕마
다귀신일셰이런지각귀경ᄒᆞᄉᆞᆼ뎐디
역시귀신이오귀신역시음양인줄이
가치몰ᄂᆞᄉᆞ니경젼살펴무어슬머이도
와덕을몰ᄂᆞᄉᆞ니현인군ᄌᆞ엇지알니
금셰는이러ᄒᆞᄂᆞᆫᄌᆞ고셩현ᄒᆞ신말슴

⑦
덕인은여던디ᄒᆞ기덕ᄋᆡ일을ᄒᆞᆸ기명
여귀신함기길흉이라이가치발쳐닉야
○영셰무궁젼ᄒᆡᄋᆞ스니몰몰ᄒᆞ는지각조는
○옹총망총ᄒᆞ는말이지금은노젼이라
○경험도ᄉᆞᆷ업거니와몹슬ᄉᆞ람부귀ᄒᆞ
이오○약간엇지수신ᄒᆞ뎍지벌보고가
셰보아○추셰희쳐ᄒᆞ는말이아모는지
벌도조거니와○문필이위여ᄒᆞ니도덕

⑧
군ᄌᆞ분명타고○모론염치튜표ᄒᆞ니우
슙다쳐ᄉᆞ람은○지벌이무어시게군ᄌᆞ
를비유ᄒᆞ면○문필의무어시게도덕을
의논ᄒᆞ노아셔라너의ᄉᆞ람보쥰ᄒᆞ니
욕이되고○말ᄒᆞᄌᆞ니번거ᄒᆞ되는도쇼
훈이셰샹의○양의샹품고히셔신테
발부바다니야○근보리야○던리야
의ᄒᆞᆫ소샌이라도○던리야몰를소냐시
낭의수족동졍○이는역시귀신이오션

①
흔다○어희세샹사람들아 이늬경계을
 듯는말슴○세세명찰훙운후의엇디말고
지겨늬야○셩경우셩풍경회셔훙남세
만셩각훙쇼○쳐주불너효유훙고영세
불망훙엿스라○아동방년괴딕인물
샹희안일년가○누도흔이셰샹의편
답튜류훙다가셔○어딘수름만누거든
시운시변의논훙고○빅년신씨말훙거
돈이글주고결믹흐셔○봉우유신훙며

②
업시지늬 누늬이게야이셰샹의○호릴연
이싱각흐늬시운이둘녀딘가○만피엻
노무극디도여셰샹의창젼훙늬○이도
역시시운미라일시시먹는음식○셩
경이볏디 겨늬야훙눌넘을곰겨훙면○
조아시잇던 신병문약주효안일년 ○
가둥츠졔우환업셔일련삼변극심일을
○일조가치지늬가나뎐우신조안일년
가○춧춧춧츄즁협을늬원회샤원판돈

③
은젼의부모든운후의○신도엽다 이름
흐고게수됴츠안지늬 떡오룬의 펴서
누셔유원속수무삼일코○부모법 훈
령후흰젼늬엇디 유독엇셔○상령호고
무엇승혀어린소리마라스라○그말젹
말다딘디고흐눌넘을곰정흥면○야둉
방삼년피달쥬을염며엇솔소남○싥무
훈녀의풍속돗고누늬젹의창미오○보
누녜기탄일셰늬역시숩펑셩○히음

④
보셰우민훙이늬말삼○잇디말고싱각
흐쇼우주쳔려고가운듸○필유일득각
게드면그아니덕일년강운수판졔흐
늬일을고금의업는고로○졸필졸문디
어늬야모몰념치젼히쥬늬○이글보고
웃다말고흥치훈소흥엿스라
 도덕가 임슐
던디음양시판후의빅쳔만물화힌누셔
○디우지금수오최령젹수람이랑○젼

⑤
듣군조동귀일예ᄒ엿던가ᄋ어렵도다
어렵도다만ᄂ기도어렵도다ᄋ방방곡
곡촌촌들어만ᄂ기만만날던답ᄋ용담등
의품은희포다ᄅ흔말이업고ᄋ수문
수답ᄒ온후의당당정내발켜니아ᄋ일
ᄉ상거인물이도탄등안일넌ᄂᄋᄒ고디
ᄉ다출싱들아보국안민엇다홀고ᄋ더
져인간초목군싱ᄉ싱정련안일넌가ᄋ
불시풍우일만회도임ᄉ호련안일넌가

⑥
ᄋ삼황오제셩헌틀도경런순련안일넌
가ᄋ효박ᄒ은이세상의불고련명ᄒ단말
가ᄋ당평깅졸만은ᄉ람ᄒ놀님글우러
러ᄂᄋ됴화등의셩거ᄉᄂ우덕은ᄀᄉ
ᄒ고ᄋ군본죠ᄎ이즐소나가련ᄒ세상
ᄉ람ᄋ각죠위심ᄒ단말가련ᄒ경련ᄒ
엿ᄉ라ᄋ효박ᄒ은이세상의불망기본ᄒ
엿ᄉ라ᄋ임군의공겁ᄒ편충신열ᄉ
단닐년ᄋ부ᄒ게공겁ᄒ면효조ᄒ

⑦
부안일넌가ᄋ슬푸다세상ᄉ람증세보
고공졍ᄒ소ᄋᄂ도ᄂᄒᄂ춤들세후의묘실
부모안일넌가ᄋ졍셩동겹업셔ᄉᄂ
쳐부모안일넌가ᄋᄂ도ᄉ츙혈손이
초야의자라ᄂ셔ᄋ군신유의몰ᄂᄉᄂ
득죄군왕안일넌가ᄋ허송세월ᄒ다니ᄂ
너거련ᄉ십도얏더라ᄋᄉ십평싱이쓴
인가무가니라ᄒ글업ᄂᄋ훤ᄏ감경신
년의젼회오ᄂ세상말이ᄋ요망한셔양

⑧
젹이둥궁을침범히셔ᄋ던듀당노피셔
워거ᄉ워ᄒᄂ도를ᄋ젼ᄒ의편만ᄒ니
가효졀창안일넌가ᄋ증젼의ᄯᄅᄋ말을
꿈꿈이싱각ᄒ내ᄋ아동방어린ᄉ람례
익오른다바리고ᄋ남녀노ᄉ아동득졸
졍군취당국셩등의ᄋ희ᄉ숑세월ᄒ단말
을보는다시드러오니ᄋ무단이흐ᄂ남
게듀소간비는말이ᄋ삼십삼련옥경이
의ᄂ둑거든가게ᄒ소ᄋ우숩다져ᄉ람

① 스룸들아○만고풍상격근촌이노리
장지어보세○만고풍상격군일을산수
만눈소창호고○어린주식고향성각노
리디여소창호니○이글보고옷지말고
숙독상미호엿스라○역조창실만은스
람술룸마두이러호며○허다호은문가
소노리마두이러홀ᄆ○귀귀주주살펴
너야력력히외와니싱○춘삼월호시절
외놀고보고먹고보세○강산구경다던

② 졔고인심풍속살펴보니○부주유친군
신유의부부유별장유유셔○붕우유신
익지마눈인심풍속고이호다○셰상구
경을훈인심출성이후첨이로다○싱장
호이니풋에인심풍속혼탄힛셔○불고
가산발졍호여방방곡곡추조와셔○미
뫼소소살펴보니허다호남녀스룸○
람마두낫치설고인심풍속흐눈거동○
미미소소눈의거취라도관안일던구

③ ○이니션을소젼의독회풍혹속보라호
고○어진친고동회훈주인도이별호말
팔가○산수풍경다턴지고동니첫달셔
흔풍의○산촌풍경진호다가셔○셰일피
속모르거든○니꼿풍속살펴보쇼이도
역시운이라○무가니라할엿셜다○편
담강산아니호면○인심풍속이런주영
아니보고엿지알고○디져인잔빅쳐만

④ 소보고는니흘이업니○조고급존탁
호니요순성셰그딘라도○일뎐디호마
눈스람스싱마다요순일셰○원회가쳐
둘닌운수수원수구안일년가○아모리
이셰상도럽인군조엿지마는○진토등
의무친옥셕뉘라셔분간홀며○안빈낙
도훈지마는쳐라지도홀고○시운을
의논혼도일성일쇠안일년가○쇠운이
지극호면셩운이오지마는○쳔축훈모

⑤
음ㅇ명명훈이운수눈 다가치랄지마눈
ㅇ엇던ㅅ람군조되고엇던ㅅ람쳐편호
고ㅇ인의 의디신인주를 망창훈켜소젼
의 무어셜아잔말고 의력력검의 안심히
ㅇ거울가치컨히츄니동남의의목살후
셔ㅇ불숭혼그른거동남의의목가치수
야ㅇ정심수신을온후의남과가치수
ㅎ소ㅇ뒤쳐세상인도등의미들신엇수
쟝일세ㅇ더쟝부의 긔범졀신업시먼어

⑥
턴ㄴ머ㅇ삼강오륜발군법은례업시먼
어더ㄴ머ㅇ뒤쟝부지혜범졀염치등의
잇스니ㅇ우습다커ㅅ람은 ㅈ포ㅈ긔
모로고셔ㅇ모몰염치작난는 호니 이는먹
시는도죠오ㅅ쟝못한 츳계도법 졔혼
ㅈ아라스니ㅇ이는 먹시는법 죠라는 법
눈도흥는소름ㅇ날볼나치무어신고이
가치아니말먼ㅇ 레신 슈가런훈고ㅇ이는
도더럽피니ㅇ주소간 흥 는 걱정이밧게

⑦
련학가 임슐
시만ㄴ볼가
수도 호면다우면ㅇ 츈삼월호시 졀의 소다
쟝안일년 가ㅇ귀귀ㅈㅈ살펴니야 졍심
다시 업다 ㅇ 작심 으로 불변호 면 니 셩군
ㅇ 권라 도운 쳑 암의 환세 초로 노일 호 니
ㅇ무졍호은이세월의놀고보먹고보셰
ㅇ호호망망너른 던니 쳥녁 룰 버 슬삼아
노류 호담무 ㅅ 긔 이 팔 도 강산 다 발바

⑧
ㅇ일신으로비겨셔셔젼씨만물 호 여 보
니ㅇ무ㅅ흠이니 회포부칠곳바이업서
ㅇ말노호면 글울지어 송구영신 호 여보
세ㅇ무졍호은이세월이엇디이리무졍
고어화세상ㅅ룸들아인간 칠십고릭
희는 ㅇ만 고유 젼안일년 년 구 졍 호 이 세
월 은 ㅇ 력력히 혜여보니 광음가 튼 이 세
상 의 ㅇ 부 유 가 튼 젹 인 싱을 침 닉 셩 청 명
찬 호 야 ㅇ 드 묘 회 션 탄 말 ㅁ 어 화 세 상
도 더 럽 피 니 ㅇ 주 소 간 흥 는 걱 정 이 밧 게

② ①

효박호이씨샹의 ○ 불숙호셔스룸든엇
셩임목무어신디 ○ 나도득모너도득도
디져리보고안심호소 ○ 어디다모든버즌
세리가의심호며 ○ 위가공평치못호면
아리가거만호니 ○ 이런일을본다히도
젹지원수안일너가 ○ 이눈역시그러히
도수신게가아니호고 ○ 도성입덕무어
시며상강오륜다바리고 ○ 현인군조무

어시며가도화순호는법은 ○ 부인의게
관계호니가쟝이엄숙호면 ○ 이런비치
와잇스며부인경게다바리고저도역
시고이호니쳘통코의달호다 ○ 유시부
유시쳐라호는도리업다마는 ○ 현육호
모든버즌첫첫경게희셔 ○ 안심안
도호여주소니가역시수치호면 ○ 진방
호지니드른불미소 ○ 안일너 ○ 판기
동경호리말고뎐뎐미호규히심 ○ 이

④ ③

닉수치씨셔주면그아니셩덕인가 ○ 님
외사쟝되는법은니첫불거안일면 ○
가르치기위호라호니밧게무어시며
남의게주되는법은빅년일의슬온후의
○ 공경이바든문조호말인들변슬소냐
○ 출통호눈계군즌희비유지호다히도
○ 작디소작디쩨라소문셩덕안일넌가
○ 조고성현문도도룸빅가시셔외와녁
야 ○ 연원도동지회셔공부즈히긴

덕오가쟝더욱발져너야쳔츄의쳔히오
니오 ○ 아니깃불소냐녁떡시이씨샹의
○ 무국덕도닥가넉야오눈소람효유히
셔 ○ 삼칠조젼히뛰무위이화안일넌
가 ○ 우민호씨상수룸조돈기심다던지
고 ○ 조시다먹두삼일로슈문의업눈법
을 ○ 혼조맛지며니쳔추의업눈법
일 ○ 어디フ셔분물보며입도홀상오식
이엇다그리속성인고의달다져스룸

○풍운가치모아드니 낙동우락 안일년
강이니 묘분소견으로 교법교훈다
가셕○불과 일년데 난후에 망창훈이
거름○불일발정훙조훙니 각취의모든
버즌○편언쳑조바이업고 셰쇠 스졍못
미쳐니○양협훈이니 소견수쳔리박게
안조○이께야 셰닷고셔 말을훙떠 군을
지여○쳔리고향 젼희주니 어질고어딘
버즌○민몰훈이니 스람부디 부뎌갑다

말고○셩경이엇디 쳐니야 츳츳츳다
가닉면○무극디도 안일년가 시호시호
굿티오면○도셩입덕 안일년가 어디다
모든버즌○우민훈이니 스람잇디말고
셩각훙소○셩경현젼살펴시니 연원도
아지마논○스당스냥셔로젼희 반논
거시연원이오○그등의 가장놉훙 신통
뉴예도통일셰○공부주어 던도덕일관
으로 일음희도○삼년 께즈고 가운더신

동부예 뎟뎟쳔고○칠십일 인도룡희셔
젼쳠츄후 쳠츄의○일판으로 쳔초희도
일쳔년못디니셔○쳔지방단 간무이논
법논도훙 영시니○그안이슬풀조나어
디다이니버즌○조고급금본을바다순
리슌수훙 영스라○십년을공부히셔도
셩입덕도 게더면○속셩이라 훙다마논
무극훙이니 도논○삼년불셩되 거더면
그아더 헛말인가○급급훙께 군드룬인

스논아니닥고 런명이 바라오니 죶부
귀불상이라○만고유젼안일년가 수인
스딕런명은○조셰이도아디마논엇디
그리급급훙고 안기지딜가러니야 상
등즁지엇다 마논○양협훈이니 소견할
달동쳔신군조○셰상올란 식회셔 심망
의촉훙논 비촐의심업시 니타니니 입
도훈그가운더○몰몰훙다 가즈논 말노
듯고입도희셔○입을빈와 듀문힌다도

①
덕이라도○부족ᄒᆞᆫ건이라ᄒᆞ양듕의품은희
포○일시의타파ᄒᆞ고쉬우허위오다가
쳐○금강산상상봉의잠간안조쉬
가○홀연이잠ᄃᆞ더니몽의우의편쳔일
산ᄒᆞᆼ단말가○효유ᄒᆞ는말이만학쳔봉
쳠쳠ᄒᆞ고○연졉이젹ᄒᆞᆫ듸잠ᄌᆞᆼ기ᄂᆞᆫ
무ᄉᆞᆷ일고○수신졔가마니ᄒᆞ고편답불너
시무어시며○가련ᄒᆞ다셰상수름이지궁

②
궁창눈말을○우실거시무어시며불우
시다ᄒᆞᆫ말고○셰상구경ᄒᆞ여소라송
듕가가아라스되○이져궁궁엇다알고
쳔문이듈너시니○군십말고도라가셔
윤회시운구경ᄒᆞ소○삽이게국괴달운
수다시기벅안일년가○뎜평셥셰다시
졍희국틴민안ᄒᆞᆯ거시니○긔탄지심두
지말고초초초디닛셔라○ᄒᆞ원갑지
닉거든상원갑호시졀의○만고업는무

③
극디도여셰상의볼거시니○너는ᄯᅩᄒᆞᆫ
연쳔히업셔엽셩마는빅셩○퇴평육
젹양가ᄅᆞᆯ불구의볼거시니○○이셰상무
극디도젼디무궁안일년가○뎐의인심
네가알셩ᄒᆞᆫ눔이ᄯᅩ즐두ᄯᅩᆫ○금수가
튼셰상수람엄두시알아니○너는ᄯᅩ
ᄒᆞ신뷘이라이꿰보므엇게볼ᄀᆞ○너는
ᄯᅩᄒᆞᆫ쳔분이라ᄉᆞ니잇셔앙의게솔셩○잠
을눌는살펴보니불젼긔쳐도얏더라

④
도수ᄉᆞ 신유
광티호이런디에졍쳐업시발졉ᄒᆞ니
물을호이니회꾿붓칠곳바이업셔○쳥
뉘루룸벗을삼아여창의몸을비벽○연뎐
반촉공다가셔홀연이셩각ᄒᆞ니○도
ᄯᅩᄒᆞᆫ이셰상의뎐은의망국ᄒᆞ야○만고
업는무극ᄃᆞ도허도여몽여각바다니야○뉘
미용담도혼풍경안빈낙도ᄒᆞ다가셔
불파일년지닉ᄒᆞ에원쳐군쳐어탄셧빅

⑤ 은집가온디○운무가 조옥ᄒ며 니금감
외금강의○두세번딘동을ᄃᆞ할편이산
긔왓뎌○아들이기탄싱ᄒᆞ니 그남 주안
일넌가○얼골든 관옥이 오풍쳐 눈두덕
지라○그러그러지ᄂᆞᆫ니 오륙셰도 얏
더라○팔셰에 입학ᄒᆞ여 다ᄒᆞᆫ만권시
셔○무불통디ᄒᆞ여니니 싱이디디방불
ᄒᆞ다○십셰를지니니 총명은스광이
오○지국이비범ᄒᆞ고지거과인ᄒᆞ니

⑥ 평싱의ᄒᆞᄂᆞᆫ 군심 효박ᄒᆞᆫ이셰상의○군
불군신불ᄉᆞᆫ파부불부ᄌᆞᆺ불ᄌᆞᆺ를○주소
간난식ᄒᆞ니 울울ᄒᆞᆫ그회포ᄂᆞᆫ○ᄒᆞ놀등의
가득ᄒᆞ되 아ᄂᆞᆫ슈 람 쳐년여 업셔○취즈산
업다 바리고 팔도 강산 다 발 바 셤○인심
풍쇽살펴보니 무가니라 흐 걸업닝ᄂᆞᆫ우
슙다 셰상수럽 불ᄑᆞ 뎐 명안 일넌 가○고
이 ᄒᆞᆯ 동국참셔 취켜 들 고ᄒᆞᄂᆞᆫ 말이 이
거임 진왜 눈 ᅀᅵ 노 ᄆᆡ 지 송송ᄒᆞ 여잇고○

⑦ 가산 졍쥬셔젹셔ᄂᆞᆫ이젼가ᄀᆞᄒᆞ엿더니
○어화 셰상ᄉᆞ람들 아이런 일을 보 바듸
○ 섬○ 셩활디 폐ᄒᆞ여 보셰 딘느 라녹도 셔
눈○망 딘 젼는 효 아라 고 허츅 방호ᄒᆞ영
다 가○이 셰 망국ᄒᆞ온 후 의이 지궁ᄒᆞᆼ아
라 ᄉᆞᆫ○우리도 아셰상의 이지궁ᄒᆞᆼᆼ
영드 니○ 미 건 막 작셰 도주 도 일심 은 궁
궁이오○건곡ᄉᆞᆺ인부쳠디도일심은궁
궁이오○유리 걸식픽가주도일심은궁

⑧ 궁이라○풍편의 ᄯᅳ인 주도 혹은 궁궁촌
츠ᄌᆞ 가고○혹 은 만 쳠 산듐드러 가 고 혹
은셔혹의 입도 ᄒᆞᆫ셔○ 각쥬 취 십 ᄒᆞᄂᆞᆫ 말
이 넉올 코네 그르 지 ○시 비분 분 ᄒᆞᄂᆞᆫ 말
이 일일시시 그 ᄲᅮᆫ 일네○아 셔시라 아 셔
시라 팔도 구경두 떤다고 고향이 ᄂᆞ 도
라 가셔 빅가시 셔외 와 보세○ ᄂᆞᄂᆞᆫ 히십
슈셰라 젼졍이 만나로 다○ 아셔라 이
상ᄋᆞᆫ요 순지치라도○부족시오공망제

① 가ㅇ일던디향명승디로 만향쳔봉괴암
괴셕ㅇ산마다 이러흐며 억됴창싱마는
ㅅ룸ㅇ소룸마도 이러흐놀가 조흘시고
흘시고ㅇ이닉신명조흘시고 귀미산수
조흔풍경ㅇ아모리조타힉도 넉아니면
이러흐며 뉘아니면 이런산수아동방
잇술소냐ㅇ나도 또흔신션이라 비상뎐
흐등희도ㅇ이닉쳔경귀미욤ㅅ도시보
기어렵도다ㅇ쳔만년지닉운들 아니잇

② 조밍셰희도ㅇ무심흔귀미욤ㅅ담뎡디며
기의달흥다
몽둥노소문답가   신유
곤륜산일지믹의 됴션국 금강산이오 긔
암괴셕묘흔경일만이쳔 안일년 강팔
도명산다 던지고 련흥승디 안일년 강
삼각산 흔양도읍시 빅년지 닉흔우의
원갑이 셰상의 놈녀간 조식업셔ㅇ 산졔
불공흐다 가셔두늘 근의 마조안조 단

③ 식흥고ㅎ늘 말이우리도 이셰상의ㅇ명
명흥던디운수 남과 가치타고 늣셔ㅇ긔
궁흔이 닉팔조 일쳠혐욱업 단말 강우
리소후고 ㅅ흐고독죄부모 안일년가ㅇ
아셔라 즛고 급금공 턱으로 조식비러ㅇ
후ㅅ를 이운 ㅅ람 말노듯 묘눈으로 보너
ㅇ우리도 이셰상의 공덕이 는 닥가 보셰
ㅇ탕진가산 흐여 니 야 일심졍긔 다시먹
고ㅇ팔도불젼시 슈흐고 지셩으로 산케

④ 흐셔ㅇ빅빅축원 양련흥 며듀소간비는
말이ㅇ지셩감쳔 안일년 가공덕이 늣닥
가보셰ㅇ그러 늣고 급금쳔히 오는 셰
상말이ㅇ인 걸은 디령이라 승디의 ㅅ라
보셰ㅇ명긔 는 필우명산 향 마팔도강산
다 던지고ㅇ금강산 초 즈드러 용셰좌향
가려니야ㅇ슈간 초옥일협 푹의 구목위
쇼안일 년가ㅇ그러 그러더니 늣니 운신
포터되엿더라ㅇ십삭이 임의 되미 일

⑤
수음아지마는임신양뎡못ㅎ시고○귀
미산ㅎ일졍각울용담이라이름ㅎ고○
산림쳐ᄉ일포의로후ᄉ예젼탕망ᄉ○
가련ㅎ다가련ㅎ다이ᄂ강운가련ㅎ다
○ᄂ도됴ㅎ츌셰후로죄부모안일년
가○불효불효못며ㅎ니격셰원울안ㅎ
엿구ᄂ○인간만ᄉ힝ㅎ다ᄀ거연ᄉ십
되얏더라○ᄉ십평셩이쓴인가무가ᄂ

⑥
라ᄒᆞᆯ션업다○귀미용담초ᄌ오ᄂᆞᆫ호로
ᄂᆞ니물소리오○노푸ᄂᆞ니산이로셰좌
우산쳔둠너보니○산수는의구ㅎ고초
목군함졍ㅎ니○불효ㅎ이ᄂ마음그아
너슬풀소냐오쟉운ᄂ라드러묘룡을
ㅎᄂᆞᆫ듯고○송ᄇᆡᆨ은울은ᄒᆡ쳥졀을잔
겨너니○불효ㅎ이ᄂ마음비감회심졀
노ᄂᆞᆫ다○가련ㅎ다이니부친여견인들
업슬소냐○쳐ᄌ불너효유ㅎ고이러그

⑦
러지ᄂᆞ니ᄂᆞ○런은이망극ㅎ야졍신ᄉ
월초오일의○글노엇지긔독ㅎ며밀노
엇지졍언ㅎ리가○만고업ᄂᆞᆫ무극대도여
몽여각득도로다○거쟝ㅎ다거쟝ㅎ다
이ᄂ운수거쟝ㅎ다○ㅎᄂᆞᆯ넘ᄒᆞ신말ᄉᆞᆷ
키뻐ㅎ후오만년의○네가또훈쳠이로다
ᄂᆞ도동ᄒᆡᆨ셩졍ㅎ너니○노셤ᄇᆡᆨ너도
셔너를만닌셩졍ㅎ너니○이말솜드른
득의너의집안ㅎᄂᆞ슈로다○이말솜드른

⑧
후의심독희ᄌᆞ부로다○어화셰샹ᄉᆞ람
들아무극지운다쳔쥬를ᄀᆞ너의엇지알
가보냐거쟝ㅎ다거쟝ㅎ다○이ᄂ운수
거쟝ㅎ다귀미산수효훈승디○무극디
도닥가ᄂᆞ니오만년지운수로다○만셰
일다쟝부로더조ᄒᆞᆯ시고조ᄒᆞᆯ시고○이
ᄂᆞ신명조ᄒᆞᆯ시고귀미산수조훈풍경
물형으로셩겨ᄂᆞ가이ᄂᆞ운수마쳣도다
○디디엽엽조흔풍경군ᄌ낙지안일년

①
용담가 경신

삼월동시졀의 튀평가 불너보세
심말고 안심ᄒ소 이가스 외와니 셥○츈
말쳐말듯지 말고 거룩ᄒ니 집부너니○ㄱ
넘어니 몸니 셔 아국운수 보쳔ᄒ니○
ᄒ쳐인물이 눌노 되희 음호 쳐 말ᄒ노○ᄒ눌
다 쳐인물이 눌노 되 히 음호 ᄒ노○요악
로셰울주를 셰샹 금뉴가 알셤○의 달
ᄒ여 보셰 용빅 가튼 이니 졀긔○금셕우

②
국호는 됴션이 오음호는 경쥬로다○셩
호는 월셩이오 슈명은 문슈로다○긔 조
셰 왕도로셔 일쳔년 안일넌가○동도는
고국이오 호양은 신부로다○아동방셩
긴 후의 이 오 호 왕도 또잇는 ㅁ○슈셰도죠
거너와 산고 도죠를 시고○금오는남손
이오 귀미는 셔슨이라○봉황되 노푼봉
은 봉거되 공ᄒ야 잇고○쳠셩되 노푼탑
은 월셩을 지켜 잇고○쳥옥젹 ᄒ양옥젹은

③
장ᄋ으로 지켜 넉니 잇고○일쳔년 신라국은
소리를 지켜 넉니○어화 셰샹 사람들아
어런 승디구 경ᄒ소○동읍 삼산볼 작시
면 신션업기 고이ᄒ랴○셔읍 쥬산 잇시
스니 츄로 지풍 엽슐소냐○어화 셰샹스
람들아 죠 강산 구경ᄒ소○인걸은 디
령이라 명현당스 아니 늘가○ᄒ물며 구
미산은 동도 지쥬 산일싸○곤류산 일지
명믹 즁화 로 버려 잇고○아동방 귀미산

④
은 소등 화 셩겨 쥬능○어화 셰샹 사람들
아는 도 쏘 ᄒ 츌세 후의 ○고 도 강산 지겨
넉셰 셰유 젼안 일넌가○긔 쟝ᄒ다 그
쟝ᄒ다 귀미 산고고 쟝ᄒ다○거룩ᄒ 가
암최씨 복덕 산 안일넌가○귀미산 셩긴
후의 우리 션묘눈 셩구능○산음 인 가수
음 인 가 위국 츙신 긔 쟝ᄒ다○가련 ᄒ다
가련ᄒ다 우리 부친 가련 ᄒ다○가련 ᄒ다
담죠 흔 송디 도 덕 문 당가 녁 야○귀미용 산음

⑤
놀남이 두실는가 두시기만 줄젹시면
편작이다시와도 이니션약당흘소냐
만셰명인노 쌜이다 이가련 다가린
다아국운수 런 다 뎐셰임진멋
넌고 이벽안일넌가 심이계국
질운수다시기벽안일넌가 요순셩셰
다시와셔국티민안되지마 거험
다귀험 다아국운수귀험 다 기갓
튼왜젹놈이너의신면도라보다 너의

⑥
역시호 이셔무슨은터 엇던고 젼
셰임진그 나라도오셩 음엽셧시만
옥시보젼 후갈고아국명현다시업다
안도 농 노 게옥시보젼 명
니 무병지 지 후의 라 인싱
드문 놀게복녹쟝 수명을
게비니 나라무슨운수그다지귀험
흘고 거록 니집부터 셰보고안심
효소 이가튼왜젹놈이젼셰임진왓다

⑦
가셔 술쌘일못 다고 쇠술노안먹는
줄 셰상 수람뉘가알고 쩍시원수로
다 만고충신김덕 이그 발셔 라
스면 이런일이웨잇슬고 소인참소
험 다 불과삼삭마칠거로팔년지체
무슴일고 노 쇼도효신션 로이런풍
진무슴일고 노 도효 놀게신션
이라봉뎡히도 이런고셩 시업다셰
상음히 다 더라 거장 다귀장

⑧
니집부터귀쟝 다 쇼호신션도
야비상뎐 도 리가튼왜젹놈을
 늘님게조화바다 일야의별 고져
텬지무궁 여노고 티보단의명셰
고흔의원수갑 보셰 유쥬흔한의비
각혈고 니초리갓고붓고 너박션
일셰일언걱졍모로고 요앙 셰상
수람눌노티 이말 노우리젼됴 험
쳔만의공더비를노피셰워 만고유젼

①
람드라ㅇ 셥픙도골니안인ㄱ조흘시고
조흘시고ㅇ 이니신명조흘시고불노블
소흥단말ㅇ만승텬즛단시황도여산
의누어잇고ㅇ혼무졔송노반도우숨바
탕도얏더라ㅇ조흘시고죠흘시고이니
신명죠흘시고ㅇ명셰무궁ㅎ단말ㅈ조
흘시고조흘시고ㅇ금을준들박굴소나
은을준들박굴소나ㅇ진시황ㅎ무뎨가
무엇업셔죽어는고ㅇ니가굿뎌느셔쓰

②
면불소약을슌의들고ㅇ조롱만상흥을
거슬늣기는니혼이로다ㅇ조흘시고조
흘시고이니신명조흘시고ㅇ그모르는
셰상소름ㅎ당드고두당드ㅇ비틀비
틀ㅎ는말이쳐리되면신션인ㄱ와치그
흔세상사람숑긱즈시려흘즁ㅁ엇지그
리아라떤고답답히도흘십업도ㅇ도
뚀ㅎ흘놀님게분부바다그린부를ㅇ금
수가튼너의몸의불소약이미츌소나ㅇ

③
가소롭다가소롭다너의음히가소롭다
⊙신무소범노션이다면무참식네가알
가의달흥다의달흥다너의음히의달
흥다ㅇ우리안쳐럴단먼즈는셰월되
도ㅇ피달받몰졈이십다뎌고보고죽고
보게요약흐고 인물이 할말기바이업
셔서흑이라아름응고웬동닉웨는말
이ㅇ수명년젼인물이셔훕의노것필
가ㅇ그모르는셰상사람그거로쇼달이

④
라고ㅇ취져들고흥는말이용당의는명
인노셔ㅇ범도되끄몽도되꼭셔흑의는
용려라고ㅇ종종거늘말응력력히
못흘노다ㅇ거록흔집부님의글보
안심흥소ㅇ소위셔흑흥눈스람암만봐
도명인업더ㅇ셔훅이라이름응고닉몸
발쳔읃력던ㄱㅇ초야의무쳔소람노도
흔쳔이로다ㅇㅎ놀님게바든진주만흔
명회죠되지마는ㅇ이니몸발쳔되면흥

⑤ ○공둥의 십외는 쇼리던디 가던동훌떠 ○집안수 사람거동보쇼 경황실석공느는 말이오이고 의고이고 스람팔조야 무심일노 이러 호고 의고이고 스람들아 약도 스못히 볼으 침침칠야 쳐문밤의 불노 터히 히 말호르고 경황실석호는 조식구억마다 셔여잇고 ○ 덕의 거동볼조시 면 조방머 리헝 조처 마○ 업머지며 잡바지며 둥둥 거름호창호셕 ○ 공둥의 더외는 쇼리물

⑥ 구물공호엿스라 ○ 호련 금결상데 님을 네무엇지 알가보냐 ○ 초야의 무천인성 이리 될줄 알앗던가 ○ 미벽시 국 다보리 만지 장셔 누리시고 ○ 십이 케 국 다보리 고 아국운수 먼쳐 호네 ○ 그럭저럭 창황 실석 경신수습 되얏더라 ○ 그럭저럭 장 등달야 빅지펴 라 분부 호녁 ○ 창황실석 홀길 업셔 빅지펴 고 붓솔드니 ○ 신젼못 몬몬 헝부 모의 우에 완연 더라 ○ 너역

⑦ 시 정신 업셔셔 주불 넘 뭇는 말이 오 ○ 아왼 일고 이왼일고 쳐러부더러 본가 ○ 조식 의 호눈 말이 아 바님이 왼일고 ○ 경신수 습호업으 쇼셔 빅지 펴고 붓솔드니 ○ 물형 부읫단 말솜 그도 또 오혼 미로 다 ○ 이고 어마 남 아 우리 신명이 왼일고 ○ 아 바님 거동 보쇼 쳐런 말솜 어 떳노 ○ 모 조마 마 또 안 조수페 동곡 창훌 셧 ○ 삼 녹 넘 호신 말솜 지 간 업노 인성 들 아

⑧ 신산 불소 약원 슬툼 마다 볼 보냐 ○ 미 련호 어인 성 아 네 가 다시 그럭 넉 셔 ○ 그 릇안의 살아 무 리 녕 수 일 빅 셔 다 셔 일 장 단 복 호 엿 스 라 이 말 솜 드 른 후 의 벗 비 호 찬 그 더 너 업 편 무 야 물 의 난 셔 먼 보 니 ○ 무 성 무 쳐 다 시 업 면 무 지 미 지 특 십 이 라 ○ 그 럭 저 럭 먼 일 부 가 슴 몸 이 굴 거 더 라 ○ 쳘 팔 석 다 너 가 는 몸 이 굴 거 지 고 ○ 검 문 낫 쳐 희 역 근 어 셰 상 수

①
시상사람이편성각고성각할가
안심가   경인
현슉호닉집부녀이글보고안심몽쇼
더져싱각호쵸목군싱시싱지쳔안일넌가
○호물며만물지간유인이최령일네
노도쇼호놀님셰명복바다쥴몌호니
○조아시지넌일을노력력히혜여보니
쳡쳡이험호일을나당긔꼇느고싱일네
이도역시련졍이라무가닌라호실업다

②
○그모로는쳐즈드른유의유식귀공즈
를○효쳠하셔호눈말이신션인가스람
인가○일련지호싱긴몸이엇지쳐리갓
조눈고○앙련탄식호눈말을보니○
효숨이오○듯고눈눈물이라니역시
호눈말이라○비감회심두기말고눈말잠
간드러서라○호련금련상졔님도불턴
션앙공신다니○조조경공졍이향호눌
님셰명복바다○부귀조는공졍이오빈

③
쳔조눈빅셩이라○우리쏘흔빈쳔조로
초야의조라나셔○유의유식귀공조눈
앙망불급안일넌가○복녹은벌바리고
구셜앙화무셥더라○졸부귀불상이라
만고유젼안일넌가○공부조공신말숨
안빈낙도닉안인가○우리라무손팔조
고진감닉업슬소냐○홍진비릭무셥더
라호탄말고지닉보셰○이러그러지닉
니거연수십되얏더라○수십평싱이

④
샌인가무가닉라울일업니○가련호다
우리부쳔귀미산졍지을써에○놀줄느
고지엇던가흘셜업더무가닉라○련불
셩무록지인이라이말이그말인가○꿈
이성각호니이도역시련졍일네이○흠
놀님이졍호시니반수기앙무셥지느
무졍쉬월녀루과라쳘말삭지느니○
수월이라초오일의꿈일넌고잠일넌고
○련디마아득히○셜신수슘옷송더라

⑤ 조형제 그가운더도 성임더덕 작각이라○ 적세상수품중의 정성잇는그수람은○어진 수품분명호니 작심으로 본을보고○정성공경업단말 가의달호니너의 둘은○츌등호혀인들은바릴줄아니로되○수둠의아리되고 또덕의못미츠면○ 조작지열이라도 누는 쇼호호이로다○운수야조커니와 닥가야도덕이라○너의라무슨팔주불노주둑되단말가○

⑥ 허음업는이것들아 날노밋고 그러호냐○누는동시밋디말고 혼눌을머덧셔라○네몸의모셔시니수근취원호단말가○너역시바라기눈 늘남만쳔여밋고○허몽못호녀의들은셔척은아쪼페코○수도호기힘쓰기눈그도쇼호모덕이라○문장이고도덕이귀어허수될가보다○열세조지극호면만 권시셔부엇호면○심학이라호여스니불망기의

⑦ 호엿셔라○현인군조될거시니도성임 덕못미철가○이가치수운도를조포조기호단말가○인달다너의수룸지그리미몰호고○탄식호기괴로울터다마는 우션의보는도리울흘이니회포◯금초호너는감이오두거든셩현틀도○불초조식두엇시니호조호니의달호셔○강작히은문조게귀조조살펴니야○방탕지심두지말고

⑧ 이니경계바다시야○쳐료만놀그시절의팔목상디되게드면○질겁기노고수호고이니집안콘운수라○이글보고키과호야놀본다시수도호라○부덕부덕이글보고눈과가치호엿스라○너의역시그러타가말너지수불민호 면○놀보고원망홀가니역시이글적히○효힘업시되게드면 고역시수치로다○너의역말헷말되면

① 던흘소냐○흐믈머이니집은파문지취안일년ㄱ○아셔라이니신명운수도밋지마는○감당도어려오되남의이모살펴두고○이가치아니말먼게상을능멸한듯○판장올는떨동한듯무가는라한일업니○무국효이니도는너아니갈으쳐도○운수잇는그스룹은너넌츳츳도당다가○츳츳츳가로치니비업셔바다힝일셰○힝장올츠려니여수쳔리를경

② 영웅니○수도하는사람마다셩지우셩하더마는○모의미셩너의드를엇지하고가친말코○이질도리젼허업셔만든효유하지마는○츠마못혼이니회포역지스지하여쏘라○그려는휼닙업실일도분리도앗더라○멀고먼ㄹ길의셩각는이너의로다○킥더의외로안조엇던셔는셩각느셔○너의수도하는거동귀에도졍졍하며○눈의도슴슴하며엿

③ 던셔는성각니셔○일스위법일눈빗처눈의도거살치면⊕귀의도듣니늣아마도너의거동○일스위법눈명당다명한○이운수는○원한다고이러할먼바란다고이러할가○아셔라너의거동아너바도보는듯다○부조유친잇게마는운수조츠유친이먼○힝게일신잇게시이먼남의수도하는법을○응당이보지

④ 마는엇지그리민몰한고○지각업는이것드라놈의수도본을바다○셩더우셩공경히셔졍심수신하엿시라○아무리그러한도이너몸이일이되니○은먼이야잇지마는도셩엽덕한는법은○한가지는졍셩이오한가지노스룹이각○부모의가라치룰아니듯고냥가우먼○답수의ㄱ직하고조한중지안일년○우숨다너의수룬는도시모룰너라○부

⑤
포셩구디지시기신고○오날스참말인
지여팡여취져양반을○간곳마다쓰라
가쎠지딥ᄒᆞ고싱을○눌노더희그말
이며그즁의집에들면○장담가치ᄒᆞᄂᆞᆫ
말이그스룹도그스룹도○고싱이무어
신고이너팔즈묘홀진딘○희락운벗을
삽고싱은희락이라○잔말말고셔라
가셰공노ᄒᆞ니아니라○너역시어쳑업
셔얼굴을뺀이보며○륭침의훈슘지여

⑥
이럭지지넌일운○다름아아니로다안
물더졉ᄒᆞᄂᆞᆫ거동○셰상스품아니ᄃᆞᆺ고
칙쥼의게ᄒᆞᄂᆞᆫ거동○이너진졍지극ᄒᆞ
너런은이엇게드면○묘흠운수회복할
쥴노도쏘흔알아싱니○일소일과호온
후의불송기양되얏더라○그럭져러지
니다마통긔등문ᄒᆞ여두고○오ᄂᆞᆫ스람
마라치니불송감당되얏더타○현인군
ᄌᆞ모아드러명명기타공ᄒᆞ여니니○셩운

⑦
셩덕분명ᄒᆞ다그모르ᄂᆞᆫ셰상스람○승
그조시더ᄒᆞᆯ쓸무근셜화지어니야○듯
지못ᄒᆞᄂᆞᆫ그말이머보지못ᄒᆞᆫ그소리로
엇지그리즈아니셔ᄒᆞᆼ안셜화분분호교
○슬푸다셰상스람니엇지아니잔말고
네운수가련ᄒᆞᆯ줄네ᄆᆞ엇지아잔말고
가련ᄒᆞ다경쥬ᄒᆞᆼ즁무인지경분명ᄒᆞ다
○어진스람잇게프면디런말이웨잇스
머○ᄒᆞᆼ둥풍속다ᄃᆞᆫ지고이니문운구런

⑧
ᄒᆞ다○아도못ᄒᆞᆯᄒᆞᆼ원과셜남보다가비
ᄂᆞᄒᆞ며○유쳔이무삼일고원슈가쳐디
졈둥며○슬부지수잇셔던ᄀᆞ엇지그리
원슈런고○은원업시다넌스룸그즁의
쎳잡펴셔○쏘역시원수되니조걸위학
이안인가○아무리그리ᄒᆞᄂᆞᆫ
그쑨일씨○아무리도죄업시면
스름으로○무단이이스죄업시모흠즁의
ᄃᆞ단말가⊕이운수안일너면무죄ᄒᆞᆫ들

즐비가엇지아잔말고○그런쇼리마라
셔라낙지이후첨이로다○착ᄒᆞᆫ운수둘
너노코포러지수정허셔야○ᄌᆞ아시ᄌᆞ
라놀셔어ᄂᆞᆫ일을너모르며○젹세만물
ᄒᆞᄂᆞᆫ법과빅쳔만ᄉᆞ힝ᄒᆞ기를○됴화즁
의시켜시니츌등인물ᄒᆞᄂᆞᆫ이는○비비
유지안일넌가지각엽ᄂᆞᆫ세상ᄉᆞ름○원
ᄒᆞᆫ드시ᄒᆞᄂᆞᆫ말이아무ᄂᆞᆫ이세상의○저
숭박떡안일넌ᄆᆞ세편산업랑피ᄒᆞ고○

①

귀여용담일평각의불출산외ᄒᆞᄂᆞᆫ쓰즌
어아다가도모를너라ᄆᆞᄂᆞᆫ호쥬세경의
○세상ᄉᆞ름ᄒᆞᆫ티셕겨아유구용ᄒᆞᆫ다히
도○쳐ᄌᆞ보명모로고셔마평지엽지겨
너야○안빈낙도ᄒᆞᆫ단말은가소졀창안
일넌ᄆᆞ○이말져말붕등히도너가아지
비마알가○그련싱각두지말고평심수
도ᄒᆞ엿시라○시긴티로시힝히셔ᄎᆞᄎᆞ
ᄎᆞᄎᆞ가라치면○무궁됴화다던지모또

②

더턴ᄒᆞᄒᆞᆯ거시니○ᄎᆞ제도법그뿐일세
법을졍코글을지어○입도ᄒᆞᆫ세상ᄉᆞ름
그날부령군ᄌᆞ도야○무위이화될거시
니더상신션네아니냐○이말숨드른후
의심독희ᄌᆞ부로다○그제야이날부험
부쳐가마됴간져○이말져말다ᄒᆞᆫ후의
희희낙담그뿐일세○이제ᄂᆞᆫᄌᆞ너듯쇼
이너몸이이리되니○ᄌᆞ소시ᄒᆞ던작ᄂᆞᆫ
여광여취안일넌ᄀᆞ○너역시ᄒᆞ던말이

③

헷말이올케되니○남아역시츌셰후의
작는도ᄒᆞᆯ거시오○헷말인들아니ᄒᆞᆯ가
ᄌᆞ너마음엇더헌고○노쳐의거동보소
문는말은딕답잔코⊕무릅안고입다시
며세상소리셔너마듸○근근이쇼려녀
여쳔장만살피면셔○숨일넌ᄀᆞ잠일너
ᄀᆞ허허세샹허허세샹○다가치세샹ᄉᆞ
름우리복이이러ᄒᆞᆯ가○ᄒᆞᆫ날님도ᄒᆞᆫ날
님도이리될우리신명○엇디압날지낸

④

⑤
만고을○력력히싱각히 도글도업고말
도업닉○되저성령만은스람스람업셔
이러호구○유도불도누쳑련의운이역
시수희썬가○윤회가치둘난운수뉘가
엇지바다스며○억조창싱만은스람닉
가엇지놉홍스며○일씨상업논스람닉
주다구어터썬구○꿈수다가바다던가
측낭치못홀너라○스랑을가려스면누

⑥
만못호스람이며○저질을가려스면누
만못훈적질이며○만단의아두지마는
닉수양지심잇지마논○무가셔가쥴성양
흥머문의지심잇지마논○어서가셕양
의흥머편언쳑조업노법을○어듸구쳐
본울볼교목부담싱각히니○고천
호방불효고어린쥿시안쥿스니○고쳔
이름분명히다그럭져럭홀길업셔○업

⑦
도정신가다드머흐놀님셰알외오니○
흐놀님흐신말씀너도역시스람이라
무어슬알아스며억조창싱마논스람
○우슙다조니스람벽쳔만시힝흘셰노
동궈일체흐노중을스십평싱의리짜녹
○무손슛을고러흐며임산호그말부텀
○조호일음고칠셔논무손슛울그러훈
고○소외입춤비도말은복녹은아니빌
고○무순경뉸모부읏쎠쎄잔둥인부동

⑧
귀라○의집업시지어니아완연이부쳐
두니○씨상스롬귀경흐셔조니마음엇
더현고○그런비워어더두고마고업논
무극더도○바다노코조랑흐니그아니
기조혼가○세상스람도라보고만
은그스롬의○인지저질마녀니여춍명
노둔식무어시며○세상스람저리흐아
아돤식무어시며○남만못호스람인쥴
네가엇지알앗스미○남만못호저젼인

용담유사

①
눈말이○뒤장부수십평성히음업시계
너누ㄴ○이케야할길업서조호이름다
시지여○불출산외명세호니기의심장
안일넌가○슬푸다이너신명이리될줄
아라쓰면○운산은고스호꼬부모넘게
바든세업○군력기중호여쓰년악의약
식면처마는○경눈이ㄴ잇눈다시효박
희니세상의○혼조안저한식호고그력
켜력호다가셔○탕피산업도야쓰니원

②
망도쓸더업고○호탄도쓸더업시여필
종부안일넌구○조셔역시조아시로호
외호식호턴말을○일시도아니말면부
화부슌무어시며○강보의어린조식불
인지수안일넌구○그말쳐말다던지고
츠츠츠지너보셰○쳔싱만민호여쓰
니필슈지작할거시오○명셔전턴호여
시니죽을염녀웨잇시며○하논넘이소
문셜되녹업시눈아니너네우리라무

③
손팔조그다지귀험울쇼○부호꼬게효
사랑이젼시졀빈쳔이오○빈호고쳔호
사람오눈시졈분쳐로세○턴운이슌환
호수무왕불복공시누니○그러누이너
집은쳑변쳑덕호는공은○조젼조시고
연이러여경인들업슬노냐○쎄씨유젼
착호모음일쳐말고직겨니셔○안빈낙
도호온후의수신졔가호여보셰○쳥이
리셰상수룸비방호고원망말을○칭이

④
불문호여두고불의지스호함호방출○시
지불젼호여두고어린조식효유희셔○
민민수수포훈호며어진일을본을바다
○가졍지업직혀니면그아니낙일넌냥
○이러그러안심히셔칠팔삭지누니
○꿈일넌구잠일넌구무국되토바다셔
야○졍심수신호온후의졍인구다시안조싱각
호니○우리집안여졍인구슌환지리회
복인가엇지의리망국호꼬편만○

①

용담유사

목녹 팔편

교훈가 이빅이십칠구
안심가 일빅수십오구
용담가 칠십이구
몽듕노소문답가 팔십뉵구
도수사 일빅구
권학가 일빅십스구
도덕가 뉵십팔구

②

흥비가 구십삽구

③

용담유사

교훈가 경신

왈이즈딜아희들아경슈셔 ᄒ여스라
ᄂ희도이세상의오힝으로싱겨ᄂ셔
○삼강을법을슴고오륜의참예 ᄒ셔
이십살ᄌ라ᄂ니셩문고족이ᄂ집안○
병슈업논너의거동보고ᄂ니경스로다
○소업업시길워너니일희일비안일년
가○너역시이셰상의조아시지년일을

④

력력하셩각ᄒ니더퇴인간빅현만스
○힝코ᄂ니그샌이오겨고ᄂ니고실일
셰○그듕의혼가지도소업셩용바이업
셔○흥듕의품은회포일쇼일과훈ᄂ후
의○이너신명도라보ᄂ니이임의 수십
이오○셰상풍속도라보너여초여초우
여초라○아ᄇ라이너신명이밧게다시
업다○귀미용담초ᄌ드러둠훈밍쉬ᄃ
시ᄒ고○부쳐가무조안ᄌ탄식ᄒ고 ᄒ

[부록]

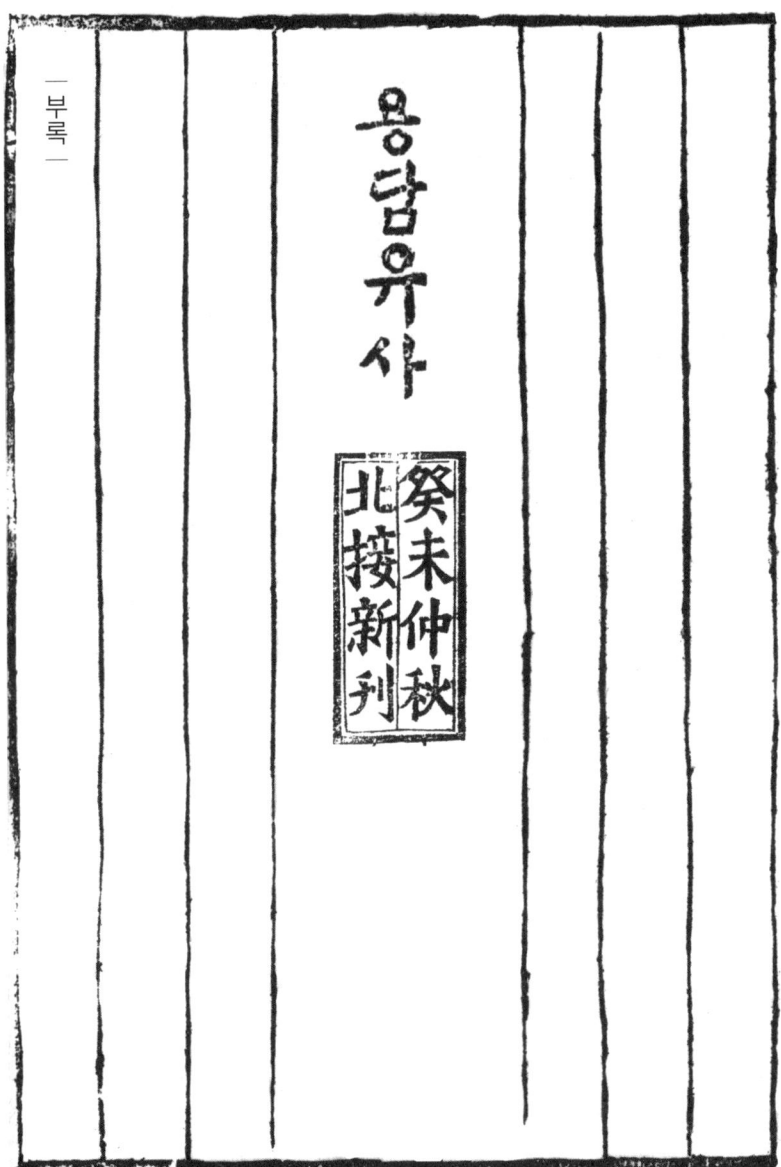

용담유사

癸未仲秋
北接新刊

동학네오클래식 02
용담유사

등록 1994.7.1 제1-1071
1쇄 발행 2013년 10월 15일
2쇄 발행 2016년 1월 15일
3쇄 발행 2022년 2월 20일

역 주　　양윤석
펴낸이　　박길수
편집장　　소경희
편 집　　조영준
관 리　　위현정
디자인　　이주향
펴낸곳　　도서출판 모시는사람들
　　　　　03147 서울시 종로구 삼일대로 457(경운동 수운회관) 1207호
전 화　　02-735-7173, 02-737-7173 / 팩스 02-730-7173
홈페이지　http://www.mosinsaram.com/

인 쇄　　(주)성광인쇄(031-942-4814)
배 본　　문화유통북스(031-937-6100)

값은 뒤표지에 있습니다.
ISBN 978-89-97472-53-6　04250
SET 978-89-97472-22-3　04250

* 잘못된 책은 바꿔드립니다.
* 이 책의 전부 또는 일부 내용을 재사용하려면 사전에 저작권자와 도서출판 모시는사람들의 동의를 받아야 합니다.

이 도서의 국립중앙도서관 출판시도서목록(CIP)은 e-CIP 홈페이지 (http://www.nl.go.kr/ecip)에서 이용하실 수 있습니다. (CIP제어번호: 2013019120)